W0287001

JE RÊVE UN ENFANT

MONIQUE BYDLOWSKI

JE RÊVE UN ENFANT

L'EXPÉRIENCE INTÉRIEURE DE LA MATERNITÉ

EDITIONS
ODILE JACOB

Retrouvez les Éditions Odile Jacob
sur le site
www.odilejacob.fr
Nouveautés, catalogue, recherche par
mots clefs, journal

© Éditions Odile Jacob, février 2000
15, rue Soufflot, 75005 Paris

ISBN 2-7381-0770-2

Le Code de la propriété intellectuelle n'autorisant, aux termes de l'article L. 122-5, 2° et 3° a, d'une part, que les " copies ou reproductions strictement réservées à l'usage privé du copiste et non destinées à une utilisation collective " et, d'autre part, que les analyses et les courtes citations dans un but d'exemple et d'illustration, " toute représentation ou reproduction intégrale ou partielle faite sans le consentement de l'auteur ou de ses ayants droit ou ayants cause est illicite " (art. L. 122-4). Cette représentation ou reproduction, par quelque procédé que ce soit, constituerait donc une contrefaçon sanctionnée par les articles L. 335-2 et suivants du Code de la propriété intellectuelle.

À mes patients.

L'enfant commence en nous bien avant son commencement. Il y a des grossesses qui durent des années d'espoir, des éternités de désespoir.

Marina ZVETAIEVA, *Mon frère féminin.*

AVANT-PROPOS

Longtemps le talent des mères a paru soumis à la force d'un *instinct* nous unissant au monde des vivants. Notre émotion devant la maternité animale – une mère ourse soignant son ourson – semblait témoigner d'une dimension instinctuelle nous liant aux autres espèces. La psychologie moderne est en mesure de réviser cette idée conforme au bon sens, d'un instinct maternel universel. La connaissance scientifique vient ainsi remettre en cause une sagesse populaire !

Séparée de son socle utérin et de son ancrage au corps féminin, la maternité n'est plus réductible à l'enfantement et ne va plus de soi. Elle peut être décrite, non comme un pur processus physiologique planifiable, tel que le soutient l'idéologie scientiste, mais comme une aventure vitale doublée d'une expérience intérieure unique. Aventure du psychisme, elle n'est pas non plus l'apanage du seul sexe féminin, et l'empathie de beaucoup d'hommes, en particulier dans les gestes de soins aux bébés, y trouve son explication.

Entre apologie idéalisante et réduction à une pure fonction biologique, un travail de recherche systématique a permis de développer un regard nouveau sur la maternité.

Elle fait habituellement l'objet de conseils pratiques présentant grossesse et naissance, de façon rassurante, telles qu'elles devraient se dérouler idéalement. Ces conseils proposent un *mythe* maternel édifiant et normatif plutôt qu'un récit d'expériences partageables. La plupart des femmes ne retrouvent pas leur réalité intérieure dans ce discours que relancent souvent les médias.

En consignant des récits maternels individuels, nous en avons découvert les invariants ; nous avons essayé de les traduire en termes généralisables, permettant une information d'une nouvelle nature, enrichie d'exemples pris dans la clinique vivante, dans la littérature et illustrée de références aux œuvres d'art.

De l'expérience maternelle, devenue objet d'étude pour la science, émerge chaque fois une *narration* unique, en résonance avec la nature, mais tissée dans l'étoffe de la vie de chacune. Cette narration précède le nouveau-né à venir ; elle est déposée en lui, et la singularité de ce *rêve* module sérieusement la rigidité des contraintes génétiques qui pèsent sur l'enfant. Contrôlée ou non, toute conception est inaugurale. « À chaque naissance nouvelle, c'est un nouveau monde qui vient virtuellement à être * », et la déraison peut accompagner le plus conforme des projets d'enfant.

L'intuition poétique avait déja deviné tout ce que l'état de mère avait de hors norme. Shakespeare, par la voix du cynique Richard III, ironisait sur le titre passionné de mère (« *the doting title of a mother* »), le verbe choisi, *to dote*, connotant moins la passion, comme on le traduit habituellement, que l'amour fou et l'indulgence aux limites du rêve et du délire.

Ainsi, autour de la maternité, la science rencontre la poésie en découvrant que l'action volontaire et raisonnable ne règle pas tout. Des forces inconnues ou inconscientes, masquées jusqu'ici par la fatalité ancestrale, sont à l'œuvre

* Hannah Arendt, *Le Système totalitaire*, Paris, Seuil, 1995.

dans la création de cet intime étranger, l'enfant, dans sa gestation sans médiation, et même dans l'invention des premiers gestes de son élevage.

À l'égard de ces phénomènes quotidiens mais mystérieux, la curiosité est inlassable. Par cet essai, loin d'alarmer les futures mères, nous voudrions au contraire les aider à mieux comprendre cette richesse intérieure dont elles font l'expérience le plus souvent positive. Nous nous adressons aussi à celles qui ont eu des maternités difficiles ou dramatiques et qui en conservent la douleur. À la parole de l'Ecclésiaste « Accroître sa connaissance, c'est accroître sa peine », nous souhaitons ainsi opposer l'espoir qu'augmenter la connaissance peut apaiser la souffrance.

Chapitre premier

L'ATELIER MATERNEL

Les femmes d'aujourd'hui abordent la maternité comme au lendemain d'un long sommeil. Le destin féminin s'est transformé en quelques décades décisives marquées par deux événements socio-médicaux essentiels : la conquête de la contraception, efficace et accessible à tous, et la prévention médicale qui fait reculer le risque d'accidents liés à la naissance, le tout orchestré par le mouvement féministe des années 1960.

La crainte de la grossesse et celle de l'accouchement hantaient autrefois la sexualité, du premier baiser jusqu'aux relations conjugales. La peur de risquer sa vie en accouchant est maintenant reléguée dans un passé historique au même titre que ces récits de douleurs obligatoires et insupportables que par un euphémisme rassurant on nommait le « mal joli ». Disparue de la réalité, la peur ancestrale de la mort en couches est devenue une peur *mythique*, de celles que l'on raconte encore dans les familles en baissant le ton, mais sans y croire vraiment.

Dans le passé, le sort maternel et ses dangers ancestraux ne prêtaient à aucune discussion. Réussir à concilier profession passionnée ou artistique et vie maternelle était une transgression rare. Un roman menaçant a bercé les rêveries des petites filles d'avant la dernière guerre. Colette Yver *, dans *Princesse de science*, donne le ton de ce destin auquel une jeune femme de la bourgeoisie tente d'échapper : elle étudie la médecine, et exerce en conciliant son métier avec une vie familiale minimale : un mari et un seul enfant – une exception pour l'époque. Alors qu'elle se dévoue auprès de malades, son propre enfant succombe à un mal incurable ! La transgression appelait naturellement une punition exemplaire.

La « génération du refus », selon l'expression d'Yvonne Knibiehler dans *La Révolution maternelle* (75), a créé la rupture à partir des années 1960 : refus de la maternité comme destin, comme nature ; refus de la maternité-devoir et des modèles maternels et domestiques des générations précédentes. Pourtant, cette génération militante n'est déjà plus d'actualité. Désormais, en milieu occidental, depuis les lois sur la contraception et sur l'avortement, les femmes peuvent penser leur identité maternelle et maîtriser leur *non-conception*. Elles choisissent de programmer leurs grossesses. Elles peuvent aussi s'y soustraire.

Malgré certaines discriminations encore d'actualité, l'idéal a cessé d'être incarné par l'homme, comme à l'époque de Simone de Beauvoir **. L'idéal d'aujourd'hui est de promouvoir la différence dans l'égalité. Le souhait d'identification aux images masculines ou paternelles est toujours vif, mais les jeunes femmes actuelles peuvent choisir d'orienter leur existence autour de conquêtes sociales ou bien de sublimations créatrices traditionnellement réservées aux hommes.

Le nombre des naissances a diminué : les taux de natalité des pays occidentaux ont chuté dès leur accession à la contraception. À ce titre, les exemples récents de l'Italie et

* Colette Yver, *Princesse de science*, Paris, Calmann-Lévy, 1923.
** Simone de Beauvoir, *Le Deuxième Sexe*, Paris, Gallimard, 1949.

de l'Espagne sont particulièrement frappants ; derniers pays à rallier la politique contraceptive, leur dénatalité a été brutale. En outre, l'âge moyen de la première maternité est statistiquement chaque année plus tardif. En France, il se situe actuellement autour de vingt-huit ans. Enfin, la plupart des jeunes femmes ne font plus l'expérience pénible de l'avortement. Ce traumatisme faisait partie des rites initiatiques maternels du passé ; il peut être évité. Grâce à l'habitude quotidienne de la contraception dès leur âge le plus tendre, elles connaissent au contraire une longue période d'infertilité volontaire.

Un renouvellement du monde

La maîtrise de la fécondité permet de penser la maternité comme un pouvoir à nul autre pareil permettant la satisfaction d'un désir profond, comme une liberté et l'expérience privilégiée d'une responsabilité. Ce réveil face à la procréation et à la place encore immuable de la femme dans son accomplissement nous arrache aux décades passées. Nous frottons nos yeux et les ouvrons sur un aujourd'hui de la connaissance où les événements, les conduites et les désirs révèlent enfin leur vrai visage.

Le radical changement du monde annoncé par Rainer Maria Rilke * dès 1903 est peut-être en train de se réaliser : hommes et femmes ne s'y cherchent plus comme des contraires mais comme des proches, capables d'« unir leur humanité pour supporter ensemble gravement, patiemment, le poids de la chair difficile qui leur a été donnée ».

Librement consentie, affranchie du modèle social masculin, la maternité est de nos jours un privilège parfois envié par les hommes en perte de domination patriarcale ; mais, devenue décision volontaire et facultative, elle fait se

* Rainer Maria Rilke. *Lettres à un jeune poète*, Paris, Grasset, 1937.

lever des difficultés inédites. Sa problématique se découvre sans échappatoire possible. De nouveaux nuages s'amoncellent à l'horizon, que les générations précédentes n'avaient pas anticipés.

Je veux et je ne veux pas

Pour envisager une grossesse, il faut d'abord cesser de ne pas la vouloir ; tout commence avec l'arrêt délibéré de la contraception quotidienne. Or ce geste simple en apparence s'avère d'une extrême difficulté. Il suppose de regarder en face son désir authentique ou, au contraire, son non-désir provisoire. Il s'agit d'affronter ce désir à une date et avec un compagnon donnés, sans plus laisser jouer le hasard auquel chacun s'adaptait autrefois tant bien que mal. Faire face à un tel désir est à la limite du possible. Le désir, et tout particulièrement celui d'un enfant, n'est jamais un sentiment pur, il est au contraire toujours teinté d'ambivalence. Je veux et je ne veux pas à la fois. Les décisions étaient tellement plus faciles à prendre et moins accablantes de responsabilité lorsque le destin s'en chargeait.

Les temps ont changé : voulus clairement, les enfants sont devenus rares. Au terme d'un accouchement moins redouté qu'autrefois, on exige un enfant sain. Enfin, la contraception ne supprime que des enfants virtuels auxquels il faut pourtant renoncer, comme les femmes d'autrefois se consolaient des bébés qu'elles perdaient en couches ou en bas âge.

Dire *non* à la grossesse, *pas maintenant* ou *pas du tout*, traduit bien l'expression d'un désir, mais il est formulé au négatif. Reconnaître ce désir marqué du signe négatif est une épreuve difficile à affronter pour le conscient. Elle peut être si lourde à envisager qu'elle sera parfois complètement refusée. Et une femme qui ne trouvera pas les mots pour dire non risquera alors d'exprimer le vœu inverse : elle demandera un enfant et s'engagera peut-être dans une grossesse insensée. L'enfant sitôt conçu, le refus authentique pourra s'imposer et conduire à un avortement volontaire. Pour d'autres, ce sera leur propre corps qui, refusant toute conception et défiant les techniques médicales, dira le vrai je ne veux pas, tandis qu'avec toute sa conscience la femme se lancera dans la quête acharnée d'un enfant à tout prix. Ce malentendu complet du désir authentique se rencontre fréquemment parmi les femmes qui consultent pour stérilité, et souvent les gynécologues eux-mêmes s'y trompent en prenant la demande d'enfant au pied de la lettre.

LA PRESSION SOCIALE

Envisager une maternité suppose également de faire face à une double pression. La pression sociale et familiale attend naturellement d'une jeune femme, un jour ou l'autre, la naissance d'un enfant, et cette pression ne s'est pas affaiblie malgré les nombreuses nouveautés dans ce domaine ni malgré le nouveau statut social accordé aux femmes. Le devoir de filiation reste impérieux, même s'il s'accommode éventuellement d'un enfant unique.

La pression du monde du travail s'exerce aussi malgré les droits et les facilités qu'offre la société moderne la France possédait récemment en Europe le record du nombre de places en crèches et autres modes de garde des nourrissons) *. Le monde du travail est sans pitié pour les carrières féminines. La compétition des collègues masculins s'allume dès qu'une maternité s'annonce; juste revanche de ceux qui ont perdu l'exclusivité de leur territoire professionnel sans rien gagner sur celui de la maternité ! Force est de constater que beaucoup de candidates à

* Colloque de Lassay, sous la direction de Julien Cohen-Solal, *Développement de l'enfant et engagement professionnel des mères,* E.S.T.H., Paris, 1992.

la maternité souffrent autant de cette situation nouvelle que leurs aînées souffraient du confinement d'autrefois dans des rôles domestiques ou sociaux un peu subalternes.

UNE EXPÉRIENCE DE SOLITUDE

Une femme ne peut pas vivre seule sa maternité. Bien qu'éminemment individuelle, cette expérience nécessite le concours et la chaleur d'autres femmes, mère, sœurs ou cousines, voire collègues, d'autres femmes qui s'incarnent dans la réalité actuelle et représentent les références au passé. L'identification à une image maternelle *positive* est une nécessité pour la jeune femme qui attend un enfant. Cette image sera d'autant plus intensément recherchée auprès de l'entourage qu'elle aura fait défaut dans le cœur.

Pourtant, la maternité est souvent une expérience d'isolement. Sur ce thème, il est démontré que les menaces d'accouchement prématuré (99-100) sont plus fréquentes chez les femmes restant à leur foyer qui ne bénéficient pas du support identificatoire naturel des collègues de travail, suppléant à la dispersion des liens de la famille, proche ou élargie.

Le compagnon de vie est souvent le seul interlocuteur convoqué, mais il est bien inadéquat car trop préoccupé lui-même par l'anticipation de son propre rôle paternel. Les grand-mères qui auraient vocation de transmettre l'histoire sont souvent indisponibles : trop jeunes et encore enchaînées à la vie active, ou trop âgées et jalouses de leur autonomie durement gagnée. En outre, ces grand-mères ont traversé l'époque du féminisme et de la maternité du refus. Déconcertées par l'autonomie sexuelle et procréative de leurs filles, elles savent mal assurer la transmission. De plus, pour la jeune femme, l'expérience des aînées risque d'être suspecte car non conforme à la modernité médicale, et entachée d'oubli ou d'idéalisation mystificatrice.

Lorsque le désir s'incarne

Dans *Ainsi parlait Zarathoustra,* Nietzsche * déclare que « tout chez la femme est énigme et tout chez la femme a une solution unique, laquelle a nom grossesse ».

Cette affirmation est énigmatique. Indique-t-elle qu'en souhaitant un enfant toute femme désire rencontrer ce qu'elle espère profondément sans en général pouvoir le nommer ? Évoque-t-elle cette part d'inconnu, cette part de désir intime, mystérieux, que va si bien incarner l'enfant à venir ?

Les femmes modernes sont peut-être attirées, au travers de la maternité, par cette expérience d'authenticité qu'elles pressentent ou qu'elles redoutent.

Désirer un enfant est devenu une démarche consciente et raisonnable, délibérée, souvent programmée. Dans cette perspective, ce désir serait la traduction naturelle de l'impulsion sexuelle dans le but d'assurer la perpétuation de l'espèce. Au passage, on doit admirer cette force universelle qui pousse les humains à procréer, quelles que soient les circonstances et malgré les guerres, les crises et les famines, alors même qu'ils ont appris à éviter la reproduction. Très tôt, chaque sujet souhaite ressembler à ses parents en devenant parent lui-même, fonder une famille analogue ou contraire à la sienne.

Lorsque tout se passe sans embûche, le désir d'enfant est à peine interrogeable. Il est naturel, précipitamment accompli et vite apaisé par son objet d'élection, l'enfant.

* Friedrich Nietzsche, *Ainsi parlait Zarathoustra,* Paris, Gallimard, « Idées », 1971.

L'ÉCHOGRAPHIE : UNE PREUVE VIRTUELLE

Autrefois, après neuf mois d'attente, survenait la surprise de la découverte du sexe et parfois celle d'une anomalie de développement, d'une malformation. Aujourd'hui, les progrès du dépistage prénatal proposent une *réalité*, alors même que l'enfant est encore non représentable pour le psychisme maternel.

La technique échographique montre des images de l'enfant avant sa naissance. La représentation offerte aux parents est celle d'un profil inanimé aux yeux clos, qui pourrait être interchangeable d'une femme à l'autre, alors que chacun des parents cherche à y reconnaître des traits spécifiques et familiers. Ces images sont sans continuité avec les photos du bébé qui pourront être prises dès le jour de la naissance. Elles ont cependant le mérite d'apporter à la mère, qui a tant de peine à s'en convaincre, la preuve que ces mouvements perçus de l'intérieur correspondent bien à un enfant réel. Image-synthèse de plans reconstruits, interprétable par le seul spécialiste, l'échographie par elle-même produit une faible émotion comparée au sentiment sans appel qui saisit la nouvelle mère dès qu'elle tient son enfant dans les bras. « Tout d'abord, il est vrai, la technique n'est perçue que dans sa nouveauté. Mais il suffit qu'elle entre dans le premier souvenir d'enfance venu pour que les traits changent *. » La future mère humanise de ses fantasmes, de ses souvenirs, la représentation aux contours incertains que la technique propose, car l'image ne tire sa force, comme l'affirme Jean-Luc Godard, qu'en suscitant « des associations d'idées lointaines, lointaines et justes ».

Il n'existe pas de continuité entre la reproduction échographique virtuelle et l'enfant réel, car l'image proposée avant la naissance n'a pas encore de modèle sensoriel. Pour

* Walter Benjamin. *Écrits français*, Paris, NRF, Gallimard, 1991.

existter, la représentation mentale – avoir un nouveau-né – doit s'appuyer sur l'expérience sentie. Dans cette sensorialité, la vue du bébé, l'échange des regards et aussi le contact par le toucher, ce sens par excellence, le seul qui ne puisse être ôté, tiendront une place de choix.

La non-représentabilité de l'enfant avant la naissance renvoie aussi aux terreurs anciennes concernant l'intérieur du ventre gestant, inquiétante étrangeté de ce qui, échappant à l'expérience sensorielle, ne trouve pas d'image mentale pour se traduire. On comprend le malheur tenace de celles qui perdent à la naissance un enfant, quel que soit son terme, un enfant qu'elles n'ont pas eu le temps de voir ni de toucher et qu'aucune inscription visible ne rattache à l'existence. Privé de repérage sensoriel, cet enfant-là reste non imaginable, et le travail du deuil ne peut commencer.

Pourtant, dans le corps de sa mère enceinte, l'enfant est source de moments de vie psychique, dans lesquels il diffère complètement de sa réalité biologique. Les femmes enceintes rêvent souvent d'un enfant, mais jamais du fœtus au stade embryogénétique correspondant. Le mystère de l'alchimie de la vie reste donc entier.

Corps non représentable, corps non réel – ce que la femme grosse entoure de ses bras, c'est un ventre, non un enfant, un ventre porteur de tous les mystères au-delà de l'expérience qui lui enseigne que ce n'est qu'un enfant au visage encore inconnu.

L'OBJET PAR EXCELLENCE

Le projet conscient d'un enfant est souvent infiltré de significations inconscientes qui vont précisément réapparaître chez ce familier, étranger : le nouveau-né. D'autres fois, le projet conscient est complètement débordé : la venue d'un enfant non programmé traduit à l'état pur la mise au jour – la mise en corps – de désirs inconscients. La transmission de la vie échappe ainsi pour une grande part à ceux qui en décident. L'intention d'une programmation consciente des naissances est une idée très ancienne, et pourtant un souhait inconscient, ignoré, détermine peut-être la venue et le nombre de nos enfants.

Avant toute réalisation, l'enfant est imaginaire. Il est celui que chaque femme, même la plus sincère dans son refus de maternité, a un jour désiré. Il est l'enfant manquant à l'appel de celles qui, par plusieurs naissances, ont comblé leur désir de procréation mais non leur désir d'enfant. Il est l'enfant suivant dont rêve presque toute accouchée devant son nouveau-né vivant. Imaginé, l'enfant est supposé tout accomplir, tout réparer, tout combler : deuils, solitude, destin, sentiment de perte. Il est le lieu de passage d'un désir absolu. L'enfant imaginé est l'objet par excellence. Il s'agit moins d'un bébé concret que de la réalisation du plus vivace des souhaits infantiles.

Lorsque, à la naissance, l'enfant prend corps, il n'est pas le corps du désir qui l'a précédé, il en est le rejeton, la nouvelle pousse dont le désir d'enfant a été la souche. Au jeu des ressemblances : « À qui ressemble-t-il ? » chacun cherche à reconnaître, sur son visage, l'empreinte, le trait d'un désir difficilement reconnu pour sien. Son propre enfant ressemble toujours à un autre.

L'avènement d'un être neuf

Les parents qui donnent la vie sont eux-mêmes porteurs de mémoire, porteurs de traces signifiantes, venues de leur histoire et même de celle de leurs ascendants. Ces traces peu ou non conscientes sont celles des identifications souvent très précoces qui ont contribué à construire leur Moi adulte. Les parents risquent de les transmettre à leur insu en même temps que le souffle biologique. Elles sont de deux ordres. Certaines traces sont littérales, ce sont des *représentations de mots*. Proches du conscient, elles sont énonçables par la parole. Ce sont les lettres et les nombres qui composent les noms, prénoms, dates de naissance et de conception de l'enfant. Ainsi, par un prénom, les parents peuvent célébrer un aïeul aimé ou un être illustre qui prendra de l'importance dans les rêveries futures de l'enfant et dans la construction de son identité. Il arrive de même que, par la date de sa naissance, il soit le cadeau d'anniversaire involontaire fait à un très proche (14-111).

D'autres traces sont moins directement énonçables. On peut les qualifier de *représentations d'événements*, ou de scénario. À la différence des représentations littérales, elles sont davantage enfouies dans l'inconscient des parents, moins accessibles à leur mémoire. L'enfant attendu est ainsi porteur potentiel des aléas de leur biographie, des joies passées, des deuils ou des amours perdues, des bonheurs oubliés, des blessures anciennes non cicatrisées et des difficultés identitaires encore vives de ses ascendants immédiats ou plus lointains. Ce concept de transmission de parts de mémoire, d'inconscient des parents, à leur enfant est certainement une donnée nouvelle. Sa lisibilité actuelle tient à la réduction du nombre des grossesses pour chaque femme. Le nouveau-né demeure pourtant un être unique et spécifique car la combinaison entre elles des représentations transmises reste imprévisible.

La maîtrise de la procréation trouve ici sa véritable limite. Lorsque la vie éclôt, lorsque la naissance advient, une trame de représentations déterminées est en place. Son agencement totalement inimaginable par avance préside à l'avènement d'un être neuf.

L'INÉVITABLE TRANSMISSION

Les observations que permettent les cures psychanalytiques adultes révèlent parfois la présence oubliée de secrets familiaux « encryptés » dans le psychisme, à la génération suivante (2). L'inconscient parental prendrait ainsi corps dans l'espace psychocorporel encore neuf de l'enfant.

Les travaux récents des chercheurs en pédopsychiatrie (28, 29, 123) éclairent cette question. Le problème posé est crucial : comment l'inconscient maternel, comment des parts de mémoire oubliée du passé vont-elles influencer l'enfant ? Julian de Ajuriaguerra (4) autrefois répondait en boutade : « Cela ne passe pas par l'auréole » (toute jeune mère étant évidemment identifiée à la Madone !). Mais les parents n'ont pas attendu les professionnels pour sentir qu'il existe une coappartenance profonde, un échange des contenus psychiques entre le jeune enfant et ceux qui s'engagent auprès de lui.

Les travaux de recherche modernes proposent des modèles de compréhension (124, 125). Dans l'interaction qui s'instaure entre le nourrisson et sa mère, celle-ci met en acte des représentations (son passé, ses souvenirs, ses bonheurs et ses traumatismes) au travers de ses gestes quotidiens et de leur répétition. Le contact physique avec son petit enfant fait revivre à la jeune mère des émotions passées. Entre elle et son bébé, les contacts quotidiens, scandés par les moments d'absence et de sommeil, sont faits d'une myriade d'interactions où sont communiqués des intonations, des sourires, des expressions consolantes contre la faim, la peur de l'abandon ou de la solitude. Tout ce langage verbal et non verbal est une sémiotique déchiffrable par le bébé qui, sans comprendre le sens des mots, a, dès la naissance, sinon avant, l'aptitude innée à saisir les intentions des adultes qui le soignent au travers de leurs actes.

Un champ considérable de recherches s'est ouvert sur ce sujet (12, 13, 29, 30, 38, 67, 120), et la corrélation des représentations maternelles prénatales avec l'aptitude précoce à communiquer du nouveau-né est un thème en pleine expansion.

Les chercheurs (30, 125) établissent ainsi des liens entre la problématique intra-psychique maternelle et la sémiologie des échanges mis en œuvre avec le bébé. En effet, c'est à travers les premiers soins, les petits gestes de chaque instant – soigner, changer, nourrir au sein ou au biberon, capter les regards et les premières mimiques, leur répondre et les interpréter – que vont se transmettre des parts de l'inconscient maternel. C'est aussi dans cet échange avec son environnement que va se façonner et s'exprimer le psychisme débutant du bébé. Le modèle de développement épigénétique proposé par la science moderne est ainsi celui d'une spirale, alimentée par les interactions quotidiennes avec la personne soignante. On dispose maintenant d'une connaissance assez précise des mécanismes intimes impliqués dans ces influences psychiques réciproques.

Les travaux modernes montrent aussi qu'une dyade psychique mère-enfant invisible persiste longtemps après la séparation physique de l'accouchement. De nombreuses pathologies néonatales sont référées à des blessures psychiques anciennes mais encore vives du côté de la jeune mère (34, 35, 50, 76, 77, 81, 84, 85, 86). D'autres fois, un enfant malade, ou au développement déficient, trahira un secret bien scellé, méconnu de celui de ses parents qui le porte. En agissant de façon thérapeutique sur le jeune parent, on peut agir aussi sur l'enfant (30, 54).

L'ENFANT COMME MÉMOIRE DE SOI

Par l'expérience de la maternité, par cette transmission de mémoire, l'oubli ne peut plus s'installer. Pour son parent, l'enfant sera le témoin du passé, sa vie durant. L'enjeu de la transmission de la vie est ainsi d'édifier un corps humain neuf, déjà habité d'une mémoire et promis au langage.

Au moment où se développe le fœtus, parallèlement à sa construction biologique et aux contraintes génétiques, se trame dans l'inconscient des futurs parents un tissu de rêves, de désirs secrets, de souvenirs et de mots ; ils viennent tout particulièrement de la mère, physiquement engagée dans ce processus. Leur rencontre avec l'impulsion biologique programmée dans l'espèce préside à l'avènement d'un être nouveau, mais la combinaison de ces rencontres reste imprévisible.

Avant même d'avoir poussé son premier cri, l'enfant est ainsi déjà inscrit dans un *après-coup*. Il est porteur d'un passé méconnu de ses parents. Pourtant, le nouveau-né, sujet silencieux, fera toujours surprise. Il est irréductible à une répétition supplémentaire du destin. Il instaure l'émergence d'une nouvelle organisation. Il est le lieu où se change le rêve en réalité.

Paul Eluard *, dans *Pouvoir tout dire,* en donne la métaphore poétique :

C'est la chaude loi des hommes,
Du raisin ils font du vin,
Du charbon ils font du feu,
Des baisers ils font des hommes.

Les plus informées des femmes savent maintenant que leur futur enfant, encore au stade de fœtus visible à la seule échographie, est déjà un sujet et même un *patient* hyperindividualisé par la recherche moderne. Elles savent aussi que, comme tout enfant, il est le témoin indiscret de parts inconnues d'elles-mêmes dont elles ne souhaitent pas toujours la révélation. Cet enjeu moderne de la maternité est la nouveauté de notre temps.

Les moins informées ont les mêmes connaissances, mais intuitives ou véhiculées par les médias : « Quel enfant me viendra, sera-t-il bon ou au contraire difficile ? Lui transmettrai-je mes angoisses ? » Presque chaque femme pressent confusément que les qualités intrinsèques de son enfant au premier âge lui sont étroitement liées, qu'une part

* Paul Eluard, *Pouvoir tout dire*, Paris, Pierre Seghers, « Poètes d'aujourd'hui », 1951.

ignorée d'elle-même va être mise au jour dont elle pourra difficilement nier l'authenticité.

Cette responsabilité n'est pas nouvelle, mais la recherche scientifique l'expose au grand jour. La découverte de l'enfant comme mémoire de soi-même, cette humanité qui s'installe avec lui et nous fait parent, n'ont rien de neuf : autrefois, pères et mères les découvraient progressivement dans cette éducation mutuelle que représente l'élevage d'un petit humain. La nouveauté est qu'une base scientifique a été donnée à cette expérience empirique ; communiquée par les médias, on ne peut plus l'ignorer à l'avance. Cette crainte de la révélation de soi par la réalité de l'enfant est venue prendre pour partie la place qu'occupait autrefois la peur de mourir en accouchant.

Chacun est néanmoins libre de mettre en doute l'enseignement de la science et d'opter pour la dérision surréaliste que Jean Cocteau * prête au photographe des *Mariés de la tour Eiffel*, qui s'exclame :

> *Ce sont là des mystères qui nous échappent.*
> *Feignons d'en être les organisateurs.*

* Jean Cocteau, *Les Mariés de la tour Eiffel*, Paris, Hoëbeke, 1998.

Chapitre 2

CONSTRUCTION D'UNE MÈRE

Faire un enfant à point nommé n'est pas donné à tous, et beaucoup de femmes à tort ou à raison se désespèrent d'être infertiles. À tort, car bien souvent les couples ne savent pas attendre. Ils ne peuvent admettre que cet enfant, qui est un avoir inné pour chaque être jeune, vienne à son heure seulement ; et cette date est moins aisément maîtrisable que le progrès technologique ne le laisse croire. Ce sentiment d'urgence touche les médecins et stimule leur inventivité. La demande pressante des patients justifie ainsi la mise au point de biotechnologies de plus en plus sophistiquées.

Les progrès considérables de la médecine de reproduction ont fait naître beaucoup d'espoir ; il est vrai que l'idée même de stérilité est un véritable tourment pour ceux qu'elle accable. La souffrance psychique dont témoignent les patients déborde les gynécologues et les biologistes qu'ils consultent et va souvent les conduire à prendre l'avis d'un spécialiste du psychisme. Ces femmes, ces couples, traversent des difficultés de plusieurs ordres. Croyant seulement retarder leur reproduction de façon raisonnable, ils découvrent que la conception se dirige moins aisément que la contraception, et le diagnostic de stérilité les atteint comme un traumatisme.

Le parcours technique de l'infertilité féminine est stressant par ses consultations répétées et ses gestes techniques. La découverte d'une stérilité masculine est également une épreuve douloureuse, d'autant que le sujet risque de la ressentir comme une impuissance : confusion entre la puissance sexuelle et le pouvoir procréateur (104, 105). Enfin, la demande d'enfant est relancée alors qu'il y a quelques décennies, avant l'assistance médicale à la procréation, des couples infertiles auraient simplement accepté le destin. Dans les bonnes équipes médicales, une aide psychologique thérapeutique leur est proposée systématiquement (33).

Une recherche psychologique nouvelle

Grâce à la collaboration de psychanalystes (18) sur le terrain même de la gynécologie et de l'obstétrique, des demandes de femmes infertiles ont pu émerger, qui n'auraient pas été entendues jusque-là. Une recherche clinique psychologique nouvelle s'est ainsi développée apportant quelques lueurs sur le fameux continent noir, métaphore par laquelle Sigmund Freud désignait la féminité (61).

Une grande opacité régnait jusque récemment sur le contexte psychique normal de la fertilité. Or, dans le domaine de la vie psychique, l'observation de cas pathologiques éclaire en les grossissant comme sous l'objectif du microscope les processus de la normalité. Un champ immense de réflexion théorico-clinique s'est ainsi ouvert aux premiers praticiens psychanalystes qui ont accepté de sortir de leur cabinet pour aller sur le terrain médical des consultations de gynécologie. En étudiant maintenant la sexualité féminine sous l'angle de l'un de ses buts essentiels, celui de la filiation, la recherche apporte ces « quelques renseignements plus approfondis et plus ordonnés » que Freud attendait de la science (63). Le propos désabusé de Nietzsche : « Que veut la femme ? » et son commentaire « tout chez la femme a une solution unique, laquelle a nom grossesse » sont plus actuels aujourd'hui encore qu'à son époque.

L'accès direct à la problématique psychique féminine autour de la question de sa reproduction est donc une nouveauté scientifique ; de même, l'accès à la psychopathologie de patients (des femmes surtout) qui n'auraient jamais consulté si leur espoir d'enfant n'avait pas été relancé par les biotechnologies (17, 21, 33, 41).

Dès lors que s'ouvre un champ nouveau de connaissances, l'explicitation de quelques concepts devient nécessaire.

De mère en fille, le parcours féminin

Le désir d'enfant chez l'humain serait la traduction naturelle du désir sexuel dans sa fonction collective d'assurer la reproduction de l'espèce, comme chez tous les vivants. Sa particularité serait ici d'être aussi un désir au service d'une fonction individuelle, celle de transmettre l'histoire personnelle et familiale. La pratique psychanalytique montre qu'il s'agit d'un vœu suprême où peuvent culminer tous les autres. Tous les désirs du petit enfant peuvent converger vers ce projet : « Mettre au monde un enfant ou, d'une manière non déterminable, l'engendrer (...), et le petit garçon, dans son ignorance, n'exclut pas de pouvoir lui-même donner naissance (60). »

Mettre au monde un enfant, ce désir suprême est ainsi, dès la petite enfance, partagé par les deux sexes, mais la jeune fille acceptera l'enfant que la biologie lui propose en traversant une évolution maturative spécifique.

L'IDENTIFICATION À LA MÈRE DES DÉBUTS

L'élan du désir d'enfant commence avec le mouvement d'identification qui lie la petite fille à sa mère dès l'origine ; cette mère ou cette fonction de mère – dévouement, source de vie, fontaine de chaleur et de tendresse – sans laquelle l'enfant tout petit ne pourrait survivre. En s'identifiant à cette image, la petite fille désirera son tout premier enfant de sa propre mère ; il sera « un petit toi à aimer ». Ou comme le dit le poète * : « Le cas naturel et vital du jeune être féminin est de craindre l'homme, d'aller vers la femme et de vouloir un enfant (...), d'être celle qui aime mieux avoir un enfant qu'aimer ; celle qui aime mieux un enfant que l'amour. »

Plus tard, la mère merveilleuse des débuts est un peu oubliée. Pendant la période de latence, la petite fille s'écarte de ce premier objet d'amour et d'identification, et se tourne exclusivement vers son père pour en désirer un bébé. Bien plus tard, l'amour sexuel pour un compagnon lui permettra de tenter la synthèse de ces désirs anciens en un projet d'enfant. Marina Zvetaieva déclare encore : « L'enfant est un avoir inné, mais qui doit être donné. Certaines commencent par aimer le donateur ; d'autres finissent par l'aimer, d'autres encore finissent par le subir. »

Le désir d'enfant chez la petite fille résulte donc de la combinaison harmonieuse de trois composants et se raconte comme une charade : mon premier est le désir d'être comme ma mère du début de la vie, et mon second est un autre vœu, celui d'avoir, comme elle, un enfant du père ; quant à mon troisième, il est constitué par la rencontre adéquate de l'amour sexuel pour un homme. Mon tout est la conception et la naissance de cet enfant qui va me trans-

* Marina Zvetaieva, *Mon frère féminin*, Paris, Mercure de France, 1989.

former de jeune femme en mère. Mais ce *tout* n'est qu'éphémère et laissera vite place à de nouveaux désirs, celui d'un second enfant par exemple.

PERMANENCE DE L'AMOUR D'AUTREFOIS

À l'adolescence, la représentation de la mère de l'amour absolu est oubliée au profit de celle de la femme du père. Pour que la fille puisse cheminer vers un désir d'enfant réalisable ultérieurement, il faut que son évolution ne soit pas freinée par la violence du conflit œdipien. Pour que le désir d'enfant de la petite fille n'avorte pas à l'adolescence, il est souhaitable que sa représentation d'une mère de la tendresse, celle des commencements, ne soit pas totalement perdue, et cela malgré la découverte de la sexualité de ses parents et de la rivalité maternelle qui a suivi (63, 64).

La présomption que, par sa grossesse, la fille acquerra bien le phallus paternel autrefois désiré est une vue tout à fait classique et popularisée par la psychanalyse (63). Par contre, la force du lien originaire à la mère des débuts de la vie, comme élément indispensable à la filiation féminine, est souvent négligée. C'est par la puissance de ce lien que la maternité future de la fille inaugurera une retrouvaille avec cette mère perdue de la petite enfance et le re-souvenir d'un passé nostalgique.

Pour désigner l'importance de cette première mère de la phase originaire, antérieure à celle de l'époque de l'œdipe, Freud proposait une métaphore archéologique. Ainsi, la civilisation minoé-mycénienne (correspondant à la phase préœdipienne du développement de l'enfant) a été recouverte par la civilisation hellénique (phase œdipienne) qui lui a succédé. Les vestiges de cette première culture du monde grec, recouverts par le temps, ne furent découverts que des siècles plus tard (64). De la même façon, les émois de la période œdipienne recouvrent les souvenirs de la toute première enfance. La mémoire de cet amour ancien, la rencontre maternelle et sa permanence à l'intérieur de soi, seront aussi sources d'un sentiment de gratitude qui constituera une véritable dette de vie.

LE BONHEUR D'ÊTRE MÈRE D'UNE FILLE

On peut ajouter que la bonne mère des commencements est celle qui aura su, ainsi que son entourage, donner à son nourrisson fille les stimulations précoces du corps et de l'esprit qui traduisent son bonheur d'être la mère d'une fille. Ces stimulations sont valorisantes pour l'enfant, elles exaltent l'estime de son sexe féminin. Cette valorisation féminine précoce consolidera le narcissisme de la petite fille et lui assurera une joie d'être au monde et d'être de son sexe qui sera la racine authentique de son désir d'enfant ultérieur.

Ainsi, les jeunes femmes soutenues pendant leur première enfance par une mère suffisamment tendre et valorisante acquerront une plus grande estime d'elles-mêmes et une confiance en leur capacité d'être aimées des autres en général.

Cette authenticité du désir d'enfant, telle que nous la décrivons, s'oppose au *besoin* d'un enfant qui tenaille habituellement les femmes stériles. Celles-ci témoignent justement de ne pas avoir été maintenues pendant leur prime enfance par une fonction maternelle suffisamment valorisante pour leur sexe féminin.

Trois composants psychiques nécessaires

Lorsque les trois éléments nécessaires à la maternité sont présents, l'enfant arrive à leur point de convergence, entre, d'une part, le lien à la mère de l'origine, d'autre part, le désir phallique – ce vœu incestueux d'un enfant donné par le père – et, enfin, l'amour sexuel pour un homme du présent. Toute aptitude à la maternité suppose la coïncidence de ces trois éléments.

Encore faut-il que les voies génitales soient libres sur le plan biologique, que le désir d'enfant qui vient si naturellement au cours de ce développement sain n'ait pas été sabordé par une maladie gynécologique. Les chercheurs ont ainsi noté que des affections médicales mettant en péril l'appareil féminin surviennent volontiers au cours de graves conflits adolescents (et l'adolescence dure parfois plus longtemps qu'on ne le pense !), traduction psychosomatique d'une conflictualité qui, ne pouvant pas s'exprimer en termes de souffrance psychique, se joue dans le corps.

La plupart des femmes au développement sain arrivent ainsi naturellement et harmonieusement à la maternité sans rencontrer d'obstacle d'infertilité.

« UNE JAMBE FUT MA MÈRE »

Un conte populaire grec résume la thématique des trois éléments nécessaires pour devenir mère que nous venons de développer (73).

Il y est question d'un couple sans enfant. La femme prie Dieu de lui en accorder un, fût-elle obligée de le porter dans la jambe ! Ainsi, la grossesse se développe dans sa jambe. Un jour, allant ramasser du bois dans le maquis, une épine déchire sa peau, et l'enfant en sort, une belle petite fille. La femme la couvre de son manteau mais, négligente, s'éloigne pour continuer sa récolte. Un aigle s'empare de l'enfant et l'emporte pour l'élever dans son nid. La mère pleure beaucoup mais ne la recherche pas. L'enfant grandit dans le nid de l'aigle, tout en haut d'un arbre, et devient une belle jeune fille. Un prince, passant par là, voit son reflet dans la rivière où boivent ses chevaux. Il lève les yeux et, émerveillé par sa beauté, tente de la faire descendre. N'y réussissant pas, il se fait aider par une vieille femme qui, patiemment et usant de stratagèmes sans méchanceté, convainc la jeune fille de descendre. Le prince alors l'emporte et l'épouse. Plus tard, ils ont un fils. La mère du prince, qui n'aime pas sa belle-fille, profite de l'absence de son fils guerroyant au loin pour tuer le petit enfant et chasser sa belle-fille en l'envoyant garder les oies. Au retour de la guerre, elle dit à son fils que sa femme et son fils sont morts. Le prince va pleurer loin de son palais lorsqu'il entend dans les champs une voix douce qui chantonne :

Une jambe fut ma mère
elle accoucha au maquis
l'aigle m'emporta
dans son nid il m'éleva
la vieille me trompa
de l'arbre elle me fit descendre
le prince m'attrapa
chez sa mère il m'emmena
elle me renvoya avec les oies !

Le prince comprend alors toute l'histoire. Il bat sa mère tant qu'elle en meurt. Et le jeune couple peut alors vivre heureux, sans enfant.

UN CONTE ADAPTABLE À L'EXPÉRIENCE DE CHACUN

On trouve dans ce conte bien des éléments illustratifs de notre propos. La mère d'origine est tout à fait inadéquate, elle néglige de donner à son nouveau-né les soins élémentaires ; l'enfant grandit alors sans contact de corps à corps avec elle. Intervient le prince qui conquiert la jeune fille par ruse et avec la complicité d'une vieille femme bienveillante – figure maternelle accessoire venant *rectifier*, pallier l'insuffisance de la mère originaire. L'aigle représente le père de la jeune fille ; sa fonction est vicariante, il supplée à l'insuffisance maternelle, il nourrit et élève l'enfant, mais son amour exclusif la tient à distance du reste du monde. La belle-mère est la rivale qui la chasse et tue sa lignée, réalisant ainsi un état de stérilité de fait. La jeune fille faible, car mal maternée, est incapable de se défendre. Heureusement revient le prince qui sait se débarrasser de sa mère pour construire une existence heureuse avec sa jeune épouse. Ils n'auront pourtant pas d'enfant car la qualité de la relation initiale de la jeune femme à sa mère a été défaillante.

Ce conte se passe, en fait, d'explication. Livré avec sa part de merveilleux, d'extraordinaire, il saisit le lecteur par sa précision mais sans imposer de connexion logique ; au lecteur de l'interpréter comme il l'entend. Il est conforme à ce caractère de la narration qui, « par sa sobre concision, se soustrait à l'analyse psychologique et se rend d'autant plus adaptable à l'expérience de chacun * ».

Les femmes amatrides

Rencontre et permanence maternelles à l'intérieur de soi peuvent constituer une perspective insupportable. Georg Groddeck (68), l'un des premiers psychosomaticiens, écrivait déjà que les femmes qui détestent leur mère n'ont pas d'enfant. La haine ne permet pas de s'inscrire dans la continuité. Le désir de vengeance barre la transmission. Cette formule est souvent celle de l'infertilité féminine.

Ainsi, pour reprendre l'expression imagée de François Perrier (112), certaines femmes sont *amatrides*, comme certains sujets sont apatrides, c'est-à-dire privées d'une terre maternelle de référence. Elles sont dans l'impossibilité de se représenter qu'elles sont faites de la même façon que leur mère, d'assumer qu'elles sont issues d'un ventre, devenu infécond, mais qu'elles portent en elles, à l'identique. Ce sont des femmes privées d'une référence maternelle originaire, des femmes auxquelles « l'idéologie, le mythe, la

* Walter Benjamin, *op. cit.*

légende, l'idéalisation de leur mère ont manqué ». En fait, elles tentent souvent de maintenir intact le fantasme de l'éternelle fécondité de leur mère, de sa toute-puissance.

Le cas clinique d'une jeune patiente illustre ce parcours douloureux.

Mme F. a pris rendez-vous après plusieurs tentatives infructueuses de procréation médicalement assistée. C'est une jolie femme à la trentaine comblée. Son mari, un peu âgé, est tout à sa dévotion; sa situation sociale est excellente, après des études brillantes. Une seule ombre au tableau : l'enfant ne vient pas. Elle remâche son hostilité d'adolescente à l'égard de sa mère. « Je ne comprends pas ce que mon père lui trouve. Elle est vulgaire, grosse, inculte; elle a fait des enfants comme une lapine. » Malgré ces fortes paroles, Mme F. et son mari retrouvent les parents chaque week-end et en vacances, peut-être pour bien conforter la dépendance agressive de Mme F.

Celle-ci est conforme à la clinique de l'amatride. Elle a la beauté, les succès social et professionnel, autant de domaines valorisés par son père. Pourtant, les autres ingrédients indispensables à la réalisation de la maternité manquent dramatiquement, en particulier la reconnaissance d'une gratitude à l'égard de sa mère d'origine. Mme F., comme bien des femmes stériles, n'a capté de sa mère qu'une image de toute-puissance. Cette représentation la maintient dans une position adolescente. C'est « l'impossible collusion, entre elle-même et la mère qu'elle n'a jamais eue (112) ».

Ces femmes amatrides ne peuvent pas supporter que leur propre mère devienne un mythe narcissisant pour elles-mêmes. Sans doute pour y parvenir faudrait-il ne pas avoir perdu le contact avec la mère de la tendresse et pouvoir se la représenter faible, vaincue par l'âge, aimée parce que faible. Ces représentations sont à l'inverse de celles que conçoit l'adolescente. Or bien des femmes infertiles sont restées fixées à l'idée d'autrefois d'une mère rivale toute-puissante et ne peuvent imaginer que celle-ci a été ou, en vieillissant, deviendra vulnérable.

SE REPRÉSENTER UNE MÈRE VULNÉRABLE

Cette étape d'identification à la vulnérabilité maternelle est nécessaire pour pouvoir recevoir l'enfant qui vient sceller la dette liant les deux femmes, la fille à la mère, et les nouer au travers des générations.

Les femmes amatrides ne peuvent précisément pas supporter de savoir qu'on pourrait, en les aimant, aimer quelque chose de leur propre mère en elles. En effet, c'est grâce à son identification à cette mère de la tendresse que la femme devient un objet d'attrait pour l'homme. Pour celui-ci également, la représentation de la mère originaire est importante tout au long de sa vie. Cette puissante fixation de l'homme à la mère de l'enfance persiste et se développe en un état amoureux pour une autre. En aimant la femme, il chérit sa mère. Mais Freud, non sans amertume, constatait que, souvent, seul « le garçon obtient ce que l'époux n'a pu réussir à conquérir, et ainsi l'amour de la femme et celui de l'homme sont alors décisivement écartés l'un de l'autre par une différence de phase psychologique (64) ».

Ces représentations maternelles préœdipiennes tellement vives ont souvent été négligées dans le désir de maternité que l'on conjugue trop volontiers avec le verbe *avoir*, avoir l'enfant désiré du père, ou bien les bijoux de la mère. « Voici mes plus beaux bijoux », disait la mère des Gracques en parlant de ses fils. Mais l'enjeu d'une filiation féminine est aussi d'*être* : être à l'image de la mère d'autrefois maintenant affaiblie par l'âge et qui aura besoin que sa fille enfante à son tour.

Il arrive parfois qu'une femme infertile, amatride, se répare grâce à une expérience refondatrice. Nous entendons ici la possibilité de vivre dans l'actualité une relation analogue à celle de l'attachement tendre à la mère des débuts et, ce faisant, de restaurer une relation qui aura précisément fait défaut. Cette expérience peut se faire dans le cadre d'un transfert en milieu médical – surtout si le gynécologue est fortement mobilisé de façon positive et empathique. On peut ainsi comprendre certaines guérisons miracles qui déconcertent les praticiens eux-mêmes.

LA GRATITUDE IMPOSSIBLE

La négation de toute dette à l'égard de l'image maternelle est flagrante dans certains traitements psychothérapiques entrepris à l'occasion d'une infertilité. Le transfert de la relation maternelle marquée d'ingratitude est alors mis en scène auprès du thérapeute. Il arrive néanmoins que la *guérison* du symptôme d'infertilité survienne vite. Une grossesse va commencer après un nombre très limité d'entretiens. Le voile de l'inconscient s'est un peu levé, une certaine confiance pour le thérapeute s'est établie, confiance insolite, voire gênante, pour certaines femmes habituées à ne jamais rien devoir à quiconque... et il arrivera que le praticien ne soit même pas prévenu de la naissance!

Je connais Mme E. depuis deux années. Elle est pétrifiée tant dans son énergie vitale que dans ses forces reproductives par une maladie de deuil. À l'âge de dix ans, elle chahutait sa petite sœur dans la ferme familiale. La petite a fait une chute mortelle. Peu après, Mme E. est allée en pension et n'a plus jamais vécu avec sa famille. Le souvenir est figé comme elle-même. Deux tentatives de psychothérapie ont tourné court. Elle a quarante-deux ans et n'a jamais conçu d'enfant malgré un mariage satisfaisant. De la mère de son enfance elle produit le seul souvenir, stéréotypé, d'une femme très grande et belle, qu'elle jalousait vivement : elle la pinçait jusqu'au sang lorsqu'elle chantait à la messe et ne pouvait réagir. Un jour, Mme E. s'écroule enfin : il lui revient brutalement en mémoire le souvenir de sa mère effondrée par le deuil et les innombrables visites au cimetière. Elle pleure : « Je ne veux surtout pas avoir d'enfant car je ne peux pas risquer de vivre ce qu'elle a vécu. »

Quelques jours plus tard, une grossesse débute ! Elle interrompt aussitôt son traitement et ne donne plus aucune nouvelle, témoignant de son impossible gratitude !

Ce thème de la référence à la vulnérabilité maternelle est récurrent, et constitue l'une des dispositions énigmatiques qui fondent le talent maternel. Un épisode biblique vient l'illustrer avec force.

Le jugement de Salomon *

Deux femmes ont accouché le même jour et au même lieu. L'un des deux enfants est mort sur le sein de sa mère. Les deux femmes vont toutes deux prétendre à la maternité du seul enfant survivant.

> « Celle-ci dit : Voici mon fils qui est vivant et c'est ton fils qui est mort ! Et l'autre dit : Ce n'est pas vrai ! Ton fils est celui qui est mort et mon fils est celui qui est vivant ! Apportez-moi une épée, ordonna le Roi. Et on apporta une épée devant le Roi qui dit : partagez l'enfant vivant en deux et donnez la moitié à l'une et la moitié à l'autre. Alors la femme dont le fils était vivant s'adressa au Roi car sa pitié s'était enflammée pour son enfant et elle dit : S'il te plaît Monseigneur, qu'on lui donne l'enfant, qu'on ne le tue pas. Mais l'autre disait : il ne sera ni à toi ni à moi, il sera partagé. Alors le Roi prit la parole et dit : donnez l'enfant à la première, ne le tuez pas, c'est elle la mère. »

* La Bible, Ier livre des Rois (III, 16-29).

À l'origine des représentations maternelles de la culture judéo-chrétienne, la Bible propose le paradoxe de cette image maternelle du renoncement : la seule mère véritable est cette mère démunie, perdante, prête à se retirer et à renoncer à son bien le plus cher, l'enfant.

AVORTER OU TUER SA MÈRE À L'INTÉRIEUR DE SOI

L'avortement peut prendre ce sens de se débarrasser de l'image maternelle portée à l'intérieur de soi. Pour certaines femmes, inscrites dans une haine maternelle déclarée, il sera préférable d'interrompre la grossesse, voire de risquer une mutilation, plutôt que de laisser s'installer à l'égard de leur mère une dette qu'il faudrait reconnaître, ou bien se faire l'impossible aveu que le tout premier enfant, c'est de sa propre mère qu'on l'a désiré. Un premier avortement peut être le prix du sang à verser pour devenir femme soi-même, dans la différence.

Malgré la libération moderne des mœurs, malgré la légalisation de l'interruption de grossesse, certains avortements volontaires prennent le sens d'équivalents matricides ou suicidaires et sont responsables d'une intense culpabilité.

« En avortant, j'ai cru tuer ma mère, et c'est moi que j'ai mutilée. » Ce témoignage anonyme d'une femme est explicite : « J'en vins à me demander si j'avais été la seule à vouloir tuer la mère en moi, si ce n'était pas la caractéristique de l'Occident prométhéen. Ils la meurtrissaient tous, la mère originelle. Je ne me trouvais chez moi que dans la mythologie des Indiens pueblos et zunis d'Amérique. Eux, ils l'aimaient la Géante, la Terre Mère, et tout en caressant mon enfant, je me mis à l'agriculture *. »

* *Les Temps modernes*, 29, 4/5, 1974, 333-334.

La question de la dette

Le concept de dette maternelle est très utile pour comprendre certains enjeux de la filiation féminine. Il est aussi à l'origine de contes et d'inspirations littéraires, poétiques et folkloriques.

L'OMBRE, DOUBLE DE SOI-MÊME

Le devoir de gratitude prend souvent la forme métaphorique de l'ombre, du double de soi-même ou de l'ange gardien. L'ombre est régulièrement cette part de soi que l'on troque illusoirement contre la fortune, la jeunesse ou la capacité procréatrice. Certains thèmes littéraires font même de sa propre ombre, dont on a cherché à se débarrasser, un persécuteur. Dans la nouvelle de von Chamisso *, *L'Homme qui a vendu son ombre*, ce terne reflet mystérieux qui a été vendu se rend indépendant et vient tourmenter son ancien possesseur. Le double dont on a cru se séparer revient, insistant, comme aussi dans le conte d'Andersen, *L'Ombre*. C'est aussi le thème du *Horla*, la nouvelle de Guy de Maupassant **, où la mort destinée au double, à l'ombre, finit par frapper le sujet.

Au contraire, dans de nombreuses œuvres littéraires, la perte de l'ombre, ce double impalpable, correspond à une menace de mort.

Lorsque l'héroïne est une femme, la question de l'ombre est toujours celle de sa fécondité. Dans *Anna*, ballade du poète autrichien Nikolaus Lenau qui reprend un

* Adelbert von Chamisso (1814), *Histoire merveilleuse de Peter Schlemihl ou l'Homme qui a vendu son ombre*, Paris, Le Club français du livre, 1948.

** Guy de Maupassant, *Le Horla*, 1887, Paris, Gallimard, Folio, 1986.

mythe scandinave, une jeune femme sur le point de se marier et redoutant d'y perdre sa beauté et sa jeunesse a recours à une sorcière. En échange de son ombre, celle-ci lui supprime d'avance les sept enfants que le destin lui promettait.

L'OMBRE, MÉTAPHORE DE LA DETTE D'EXISTENCE

Le récit le plus explicite dans ce domaine est certainement celui de von Hofmannsthal *, *La Femme sans ombre.* Contemporain de Freud et poète, Hugo von Hofmannsthal était certainement plus intuitivement proche du continent noir féminin que le père de la psychanalyse. Il traite de la question de l'ombre comme étant très directement celle de la fécondité et de la filiation féminine. L'héroïne est un être surnaturel, une fée, devenue impératrice par son mariage avec un empereur mortel. Grâce à un talisman magique, elle peut incarner toutes sortes de formes vivantes, mais elle n'a pas d'ombre et ne peut enfanter. Elle saisit ce lien entre l'ombre manquante et sa stérilité lorsqu'elle lit sur son talisman que « sera changé en pierre celui qui ne rachète pas son destin à la terre avec son ombre ». Elle comprend alors que posséder une ombre signifie pouvoir transmettre la vie et que « c'est en projetant son ombre au-delà de soi-même qu'on rembourse à la terre sa dette d'existence ». L'ombre est ainsi la métaphore poétique de l'enfant désiré, projeté dans le monde au-delà de soi-même. À partir de ce moment, l'impératrice se met en quête d'une ombre, quitte à la voler.

Ainsi la vie n'est-elle pas un cadeau gratuit. Elle porte en elle-même l'exigence de transmettre, de rembourser ce qui a été reçu, de reconnaître que le don de vie, promesse à la fois d'immortalité et de mort, implique aussi la reconnaissance d'une dette qui circule de mère à fille.

* Hugo von Hofmannsthal, *La Femme sans ombre*, Lagrasse Verdier, 1992.

Dans le récit de von Hofmannsthal, l'impératrice part à la recherche d'une ombre et, par l'intermédiaire de sa ténébreuse nourrice, elle tente de dérober celle d'une pauvre mortelle peu tentée par la maternité. En échange, la nourrice entremetteuse offre à sa victime crédule parures et miroir, marché de dupes évidemment. Que vaut l'image périssable même revêtue d'une parure, reflet narcissique et vain, contre l'ombre, promesse de procréation et donc d'immortalité ? C'est en ces termes enjôleurs que la nourrice s'adresse à la mortelle : « Tu es l'unique, l'élue parmi des milliers (...), tu es celle qui saute par-dessus son ombre, celle qui a renoncé aux vaines étreintes de son mari et qui s'est dit : je suis rassasiée de la maternité avant même d'y avoir goûté. Tu es celle qui a choisi d'avoir un corps intact, éternellement svelte, et a refusé dans ta sagesse le ventre abîmé et les seins tôt flétris. » Troc de la jeunesse illusoire dans le reflet du miroir contre l'ombre de la mortelle, promesse du passage d'un corps déclinant dans le corps renouvelé d'un enfant à naître.

LE REFLET BROUILLÉ DANS LE MIROIR

L'ombre prometteuse de maternité n'est pas seulement symbolique de la dette maternelle. Elle est aussi un reflet dans le miroir, une image brouillée, ternie comme un masque de grossesse.

Conduire à terme une grossesse sous-entend assumer que le miroir se trouble, que l'image de la jeunesse, que jusque-là il reflétait, se brise pour en laisser entrevoir une autre, le reflet terni, identificatoire à la mère vieillissante, l'approche implicite de sa propre mort. Ne dit-on pas des enfants qu'ils vous poussent à la tombe ? La stérilité permet cette économie du psychisme : le maintien intact de l'illusion narcissique de la jeunesse, le refus de s'inscrire dans une lignée de femmes, la non-reconnaissance, voire l'oubli complet de la dette maternelle.

Lorsque la grossesse se développe, il n'y a plus d'échappatoire possible à l'identification maternelle : le corps s'alourdit, le geste se ralentit, le ventre grossit inéluctablement, témoignant de la transformation intervenue. Ainsi se rejoignent deux niveaux : l'un d'identification maternelle archaïque, l'autre de réalisation œdipienne. Simultanément, le corps de l'adolescente s'augmente de l'enfant désiré du père, et la ressemblance au corps maternel flétri s'accentue. Cette double perspective peut être parfois si catastrophique que seule une autre catastrophe vient y remédier : la mise en danger de l'enfant par une menace d'accouchement prématuré.

Il faut remarquer que la question du vieillissement en miroir renvoyé par l'état de grossesse dépend de la façon dont la mère de la jeune femme enceinte a narcissiquement ressenti ses propres gestations. Certaines femmes s'y vivent défaites, et ce masque altéré risque de se transmettre de mère en fille. Pour d'autres, le corps alourdi est radieux. Ainsi, dans de nombreuses cultures primitives, la femme procréatrice est valorisée. Des œuvres d'art, en particulier la statuaire africaine riche en représentations de silhouettes féminines enceintes, témoignent de ce culte de la fécondité ; et l'inconscient, individuel ou partagé par la culture, n'est pas étranger à ces canons esthétiques dominants.

Enfin, la dette d'existence, la dette symbolique à la Terre Mère que l'ombre vient représenter, que l'enfant va incarner, renvoie aussi à ce fait d'observation que, par l'enfantement et singulièrement par le premier enfant, une femme règle sa dette à l'égard de sa propre mère. On voit souvent des femmes qui littéralement donnent plus ou moins longtemps à élever leur premier enfant à leur mère.

LA DETTE DU CRÉATEUR

La dette d'existence n'est pas exclusive de la maternité. Elle concerne d'autres créations que celle d'un enfant : en témoigne la gratitude de certains artistes, de certains chercheurs à l'égard de celui ou de ceux qui ont contribué à leur formation. Pourtant, plus souvent, la gratitude est combattue par le fantasme habituel d'auto-engendrement.

La dette concerne aussi l'homme qui devient père, comme l'illustrent les avatars de certains avec leur filiation.

Ainsi, un patient, né d'inconnus et adopté par des parents dont il portait le patronyme, était stérile de façon inexpliquée. Son symptôme a disparu, il a pu devenir père lorsqu'il a identifié et retrouvé ses géniteurs biologiques. Très déçu de cette rencontre, il a dû renoncer douloureusement à sa rêverie d'enfant d'une retrouvaille avec des parents idéalisés. Il a pu alors enfin *adopter* sa famille adoptante ; reconnaître sa dette d'existence à leur égard et accepter de transmettre leur nom.

À L'ADOLESCENCE, UNE DOUBLE MÉPRISE

Le désir d'enfant paraît inexistant à l'adolescence. À cette époque de la vie, les représentations œdipiennes sont si fortes et celles de la mère tendre du début de la vie tellement enfouies dans l'oubli ! La jeune adolescente traverse une crise dont l'enjeu est la conquête d'une identité féminine, et l'image de sa mère ne peut être qu'un modèle à la fois enviable et haï. Aux yeux de la toute jeune fille, la mère manœuvre le père et surtout monopolise pour elle seule le pouvoir de génitrice. Cette situation est insupportable pour cette enfant encore infertile. Il se crée, à l'égard de l'image maternelle, un lien de dépendance agressif pouvant durer jusqu'à la première maternité qui bouclera cette période.

Contrairement aux apparences, la jeune adolescente est encore pour une grande part le petit enfant que déjà elle n'est plus. Cette analogie est invisible pour elle et pour la plupart des autres, illusionnés ou intimidés par sa transformation, par son foisonnement physique. La méprise se fait des deux côtés. L'adulte la croit grande alors que l'adolescente n'a pas encore développé à l'égard du bébé d'autrefois la secrète nostalgie qui la pousserait à en désirer la renaissance.

Des grossesses involontaires surviennent pourtant à cette époque. Elles témoignent de la générosité de la nature, et le plus souvent sont mal acceptées ou interrompues. C'est encore un paradoxe de la modernité : le désir authentique d'un enfant s'installera plus tard lorsque l'abondance naturelle va décroître. Il y a décalage entre les maturations psychique et biologique. Par une grossesse inacceptable, l'adolescente lance un appel à sa mère d'autrefois, cette mère de la tendresse, dont la retrouvaille est le seul véritable enjeu.

L'adolescence s'achève avec la première maternité acceptée par la jeune fille devenant femme, même tardivement. Ces premières maternités au-delà de trente ans témoignent de la prolongation de l'adolescence psychique alors que la maturité sociale est souvent déjà acquise.

Enfin, c'est à une représentation maternelle de tendre faiblesse, mémoire de la phase d'attachement passionné des débuts de sa vie, que fera appel la jeune femme lorsque son désir d'enfant, son amour maternel naissant, viendront s'exprimer.

UNE MÈRE IDÉALISÉE

L'idéalisation maternelle est nécessaire pour le bon déroulement d'une grossesse au plan psychique. Cette idéalisation est indispensable à toute grossesse. La future grand-mère maternelle représente l'arrière-plan, réel ou virtuel, sur lequel la jeune mère va pouvoir s'appuyer obligatoirement. Elle est celle qui prendrait soin de l'enfant, si la mère venait à défaillir, la seule femme à laquelle une mère puisse envisager de confier son propre enfant sans arrière-pensée, sa propre mère idéalisée. Pour l'enfant, la grand-mère maternelle est celle dont la mort constituera le premier deuil maternel, répétition générale d'un moment décisif, celui de la disparition inéluctable de sa propre mère. Cette idéalisation s'appuie sur le fantasme d'un double narcissique ou d'une filiation par partition d'une autre soi-même. Sainte Anne veille à la fois sur Marie et sur l'Enfant dans le célèbre tableau de Vinci.

Il s'agit non d'une réalité mais d'un processus psychique d'idéalisation, car en clinique on voit souvent cette confiance de la jeune femme enceinte ne s'établir que le temps de la grossesse. D'intenses conflits ont marqué la relation mère-fille jusqu'à cette date, et ils reprendront ensuite de plus belle. Cette idéalisation maternelle est une trêve transitoire, elle est fugace, elle est très souvent déplacée sur une personne étrangère, collègue, tante, amie. Elle est indispensable pour qu'une maternité puisse être menée à bien. Il faut, le temps d'une conception et celui d'une grossesse, avoir adopté la valeur – *donner la vie* – comme la valeur suprême, puisqu'elle est cause de notre propre arrivée au monde. Il faut avoir accepté l'enfant, par avance, comme un avoir inné « dont le désir d'être nous fait ouvrir les bras ».

Chapitre 3

L'AMOUR SURPRIS

Pour le sens commun, l'amour maternel, sur le modèle de l'instinct de reproduction animal, a longtemps été une valeur innée, une aptitude répandue de façon inégale mais pourtant universelle. Ce point de vue a été controversé d'abord par le féminisme, ensuite par les progrès de la recherche en psychologie.

La littérature féministe – Simone de Beauvoir *, Élisabeth Badinter (6) et les auteurs féministes américaines – a insisté de façon idéologique sur l'oppression sociale exercée par les contraintes de la maternité sur les femmes de toutes les époques. Elle salue l'émancipation récente de celles-ci par le libre choix des naissances grâce à la contraception. Mais les féministes traitent davantage de l'apparence sociale de l'amour maternel que de cet amour lui-même dont elles sont bien en peine de donner une définition. Elles affirment son caractère aléatoire, son inconstance, qui le différencient d'une conduite instinctive comme celle que l'on connaît chez l'animal. En s'appuyant sur des faits historiques, ces auteurs vont même affirmer que ni le sentiment de l'enfance ni l'amour maternel dans nos sociétés occidentales, n'exis-

* Simone de Beauvoir, *op. cit.*

taient avant la fin du XVIIIe siècle. À cette époque paraît l'*Émile* de Jean-Jacques Rousseau qui, glorifiant la maternité, en inaugure la mode.

À vrai dire, la société de l'Ancien Régime est une société autoritaire et sans amour. Des considérations de rang et d'économie règlent les mariages. Ces conditions n'impliquent, dans les couples, ni la satisfaction de l'amitié ni celle du désir. Violence et sévérité sont le lot de l'épouse et de l'enfant. En outre, l'importance de la mortalité infantile en bas âge rend aléatoire l'attachement à des petits êtres tellement menacés. Ainsi Montaigne écrit-il au sujet de ses propres enfants : « J'en ai perdu deux ou trois en nourrice, sinon sans regret, au moins sans fâcherie. » Cette amère réflexion peut s'entendre comme une dénégation : le philosophe exprime bien son chagrin, mais en affublant son sentiment d'un signe négatif ! Il est difficile de décider aujourd'hui si cette indifférence exprimée témoigne de la résignation d'avance à l'égard de la perte d'êtres inachevés, fragiles, voire encore virtuels, ou de la valeur supplémentaire accordée à l'œuvre de pensée.

L'amour maternel en question

Pourtant, les témoignages des historiens montrent aussi que le pur amour de certaines femmes pour l'un ou l'autre de leurs enfants a toujours existé. Il fallait en effet que la tendresse maternelle fût bien forte pour qu'un philosophe comme Juan Vives, dans *L'Institution de la femme chrétienne,* dédiée à Catherine de Médicis en 1523, fustige cette affection en termes violents au même titre que la volupté de l'allaitement au sein ! Un historien, Le Roy-Ladurie (91), raconte le chagrin intime de femmes qui pleurent leurs bébés morts au village de Montaillou dans le Languedoc au XIVe siècle. Et, dans sa correspondance,

Mme de Sévigné * témoigne avec émotion du désespoir de la fille d'une amie à l'occasion du deuil d'un nouveau-né.

Il suffit ainsi de quelques faits isolés pour mettre en échec des généralisations sociologiques et pour constater que l'amour maternel a toujours existé. Il a seulement l'inconstance et la variabilité de tout sentiment psychologique humain.

La pensée féministe a eu pourtant ce mérite : en décollant l'amour maternel de son socle utérin, elle a mis en doute l'existence d'un *instinct* qui nous ferait identiques à nos frères animaux. La recherche a pu alors s'ouvrir sur la question du sentiment maternel – phénomène psychique, spécifiquement humain et non réservé exclusivement à l'être féminin.

Le projet de la recherche est souvent de transformer un propos de bon sens populaire en un discours scientifique ou de rendre caduques des convictions anciennes comme le monde. « Toute terre a dû un jour être défrichée par la raison, être débarrassée des broussailles du délire et des mythes **. » Il a ainsi fallu des siècles pour mettre en question une évidence, celle de la rotation du soleil autour de la terre, et révolutionner l'astronomie. De même, la maternité ne pouvait être explorée de façon scientifique sans le recours à une théorie moderne du psychisme.

UNE PRODUCTION DU PSYCHISME

Avant la première maternité, la question de l'amour maternel se confond avec celle du désir d'enfant, et le contraste est permanent entre la maîtrise croissante de la contraception et l'illusion trompeuse du contrôle de la fertilité. Vouloir un enfant est devenu cesser de le refuser activement, laisser enfin jouer les forces inconscientes qui modulent l'élan biologique. Mais « le Moi n'est pas maître

* Mme de Sévigné, lettre du 19 août 1671.
** Walter Benjamin, *op. cit.*

chez lui », écrivait Freud; souvent le conscient veut, et l'inconscient n'en fait qu'à sa guise, dans le domaine de la procréation comme ailleurs!

La modernité comporte aussi quelques contrastes : on encourage toujours les jeux de poupées des petites filles mais, dans le même temps, on les incite aussi à étudier, voire à faire carrière! Ces jeux enfantins sont-ils l'expression d'un désir qui se forge et se prépare, ou bien la réminiscence nostalgique du passé révolu, du bébé que déjà cette petite fille n'est plus? En fait, les fillettes modernes préfèrent souvent les poupées mannequins, marquant leur désir de devenir femmes et adultes, aux « poupons » qui leur feraient anticiper leur maternité.

Il est alors nécessaire, pour se retrouver dans ce jeu de forces diverses, de définir et clarifier quelques concepts qui, passés dans le langage courant, ont été vidés d'un sens précis.

Le projet d'enfant est partagé à l'intérieur des couples dont il fonde souvent l'identité ou même l'existence. Ce projet ne recouvre pas exactement le désir d'enfant. Il est une idée consciente souvent claire et planifiée grâce à la contraception. Il correspond aux valeurs de chacun et se construit à partir des idéaux de la famille ou du groupe social. On a le projet d'un ou plusieurs enfants parce que l'on veut devenir parent à l'image des nôtres ou à leur contraire. Ces enfants à venir seront la lumière de notre grand âge. En produisant, à leur tour, des projets renouvelés, ils feront reculer notre vieillesse.

Le désir de grossesse et le désir d'enfant ne coïncident pas nécessairement. Bien des femmes désirent avant tout être enceintes pour s'assurer que la nature va bien tenir sa promesse. Ce peut-être un des effets pervers de la contraception efficace. Les jeunes femmes contrarient leur fertilité avec succès et depuis l'adolescence. La période d'infertilité volontaire qu'elles traversent ainsi est souvent fort longue.

Cette infertilité nécessaire pour s'accomplir socialement les met parfois dans une situation de grand doute vis-à-vis de leur virtualité reproductive. La seule façon d'échapper à l'angoisse que fait naître ce doute peut être de produire une grossesse insensée. Insensée parce que avec un géniteur inadéquat, voire pas de géniteur du tout; une grossesse absurde ou inacceptable qui aboutit à demander son interruption. On a souvent la surprise d'avoir affaire à des femmes bien informées de la contraception. Vue de plus près, une grossesse apparemment insensée a tout de même le sens profond de réassurer la jeune femme sur sa capacité de reproduction.

D'autres femmes adopteront la contraception par interruptions de grossesse répétées, dans le but complètement inconscient de mettre à mal leur propre mère à l'intérieur d'elles-mêmes. Ces femmes ne peuvent pas accepter de transmettre une vie qu'elles ont reçue, et l'avortement peut être au service d'un vœu matricide méconnu.

Une enquête rétrospective sur quinze ans d'interruptions volontaires de grossesse dans un centre de la région parisienne a montré que, malgré la contraception, le nombre de femmes ayant recours à cette méthode est assez stable *. Ce taux est peut-être même irréductible, toutes raisons profondes confondues.

Le besoin d'un enfant est souvent confondu avec le désir d'enfant. Il se formule comme une demande exigeante, voire agressive, auprès des praticiens de la stérilité. Il s'agit souvent de femmes qui n'ont pas la chance de procréer facilement et de façon harmonieuse. Leur besoin d'un enfant peut devenir obsédant. Chaque praticien de stérilité sait que, pour beaucoup de femmes ou de couples infertiles qui consultent, la formule est : « un enfant ou rien », « un enfant sinon la vie ne vaut pas la peine ». Cette intense souf-

* Joëlle Brunerie, « L'IVG. Étude rétrospective quinze ans après », Communication aux Journées de Clamart, 1988.

france des couples stériles justifie l'inventivité des médecins à traiter la stérilité, à tenter des techniques innovantes en procréation artificielle, avec des résultats encore modérés, malgré le progrès.

On voit s'installer le besoin d'un enfant chez la femme atteinte dans sa capacité maternelle spontanée. Après une fausse couche ou une grossesse extra-utérine, des femmes expriment de façon exigeante ou dépressive cette demande d'enfant tellement pressante qu'à côté d'elle plus rien n'a de sens dans leur existence. Le besoin d'enfant s'installe aussi après les deuils. Un travail américain étudiant le contexte biographique de cent vingt adolescentes involontairement enceintes a montré qu'un nombre significatif d'entre elles avaient traversé récemment le deuil d'un proche (23). La confrontation avec la mort les avait précipitées, à leur insu, dans la production de la vie.

Un psychanalyste contemporain de Freud, Karl Abraham (1), avait, dès 1924, formulé la possibilité de *deuils maniaques* responsables de grossesses. Il entendait par là que certaines femmes, au lieu d'être normalement tristes après un deuil, traversaient au contraire une période d'exaltation et de recrudescence du besoin sexuel où pouvait débuter une grossesse non consciemment désirée.

Le besoin d'enfant connote souvent une souffrance dépressive ; d'ailleurs, l'isolement des femmes stériles rappelle l'isolement des personnes endeuillées, et l'enfant qui ne vient pas serait justement supposé les combler. On devine l'importance de reconnaître cet état dépressif car l'assistance à la procréation a beaucoup d'attrait pour ces patientes. Elles risquent de multiplier les tentatives de procréation à la fois pénibles, inutiles et coûteuses. Et, surtout, l'enfant n'est pas le traitement idéal de la stérilité. Le traitement de la stérilité est d'abord le traitement de la souffrance psychique qui lui est liée, et l'enfant, par filiation naturelle ou par filiation adoptive, ne devrait venir qu'après. Considéré comme le médicament de la souffrance dépressive maternelle, l'enfant à venir aurait d'avance le tragique destin d'être le thérapeute de sa mère.

Déclin de l'instinct de reproduction

Chez l'animal, l'instinct est au service de l'espèce car le désir sexuel est lié à sa finalité : la reproduction. La stérilité est tout à fait exceptionnelle malgré les rares exemples d'infertilité chez les animaux maintenus en captivité, ou bien en milieu naturel, mais atteints de maladies chroniques. Au laboratoire, on peut expérimentalement obtenir la réduction de la sexualité par l'effet du stress, et par conséquent réduire la fertilité.

Chez les mammifères plus proches de l'humain, les conduites instinctives de reproduction fonctionnent comme un savoir qui serait déjà là. Transmis héréditairement, ce savoir permettrait à l'animal de produire des schémas de comportement préétablis à l'égard de la survie, de la sexualité et de la reproduction, et ensuite à l'égard des soins aux petits. Chez l'animal, l'instinct paraît être transmis comme d'autres traits héréditaires. Il protège l'espèce contre le risque de disparition. Une mère défendra automatiquement ses petits au péril de sa vie (un fait divers médiatisé montrait une chatte subissant de graves brûlures pour sortir successivement ses cinq chatons d'un incendie; elle semblait exécuter une tâche dictée par l'espèce).

Chez l'humain, l'instinct paraît ne veiller qu'à la survie individuelle. Agripper la bouée qui sauve ne se discute pas. Par contre, bien des parents seront saisis d'horreur et paralysés devant la catastrophe qui engloutit leur enfant. L'héroïsme de retourner dans le feu sera un geste plus éthique qu'instinctif. Les conduites de conservation tendent à ne protéger que le sujet lui-même ou le groupe minimal que l'humain a composé pour survivre dans un monde hostile. Ce groupe est habituellement fait du couple et de sa famille restreinte. La survie instinctive les protège mais sacrifie les enfants tant qu'ils sont sujets potentiels, virtuels ou encore immatures.

Chez l'animal, les conduites d'élevage sont aussi des conduites instinctives. Chez l'humain, au contraire, elles s'appuient sur l'identification aux aînés. Les soins aux petits passent par un apprentissage. Il ne semble pas exister, dans ces domaines non plus, de savoir instinctif préétabli.

Il faut faire appel à ces notions pour comprendre l'universalité de la contraception et sa diffusion moderne, et aussi les avortements, le sacrifice des êtres virtuels que Jean-Paul Sartre qualifiait de « meurtre métaphysique ». Un exemple récent des exigences de la survie face à la procréation est celui de certaines demandes féminines de stérilisations, dans des pays en situation de crise économique et de l'emploi.

Alors que chez l'animal des conduites instinctives protègent l'espèce au détriment de l'individu, chez l'humain, le sens inné de la conservation tend à protéger plutôt l'individu, au détriment de l'espèce.

Abandons et placements nourriciers

Les infanticides et les abandons d'enfants liés à la nécessité doivent être compris selon la même logique de la survie individuelle. Ainsi, au XIXe siècle, au moment où la révolution industrielle offrait emploi et survie aux femmes à condition qu'elles se défassent des tâches maternelles, les mises en nourrice des nouveau-nés des ouvrières étaient massives.

Ces faits sont largement décrits (5). Une étude historique (42) donne des chiffres stupéfiants pour nos consciences modernes habituées aux pratiques contraceptives. À Paris, en 1866, pour une population d'environ 600 000 habitants, 22 000 à 23 000 nouveau-nés (soit près de la moitié du total des naissances de l'année qui s'élevait à 53 000) sont confiés à des nourrices mercenaires. Pour la majorité, il s'agit d'enfants de familles modestes. La mère doit travailler pour survivre, et l'enfant part en exode vers des nourrices de campagne. Dans les familles un peu plus aisées, la femme n'a pas davantage le choix : elle doit aider à faire marcher la ferme ou l'atelier de tissage. Les enfants placés sont négligés par ces nourrices peu rémunérées, indifférentes ou surmenées. Le taux de mortalité infantile de ces « petits Paris » (c'est ainsi que l'on nommait les enfants de la grande cité placés à la campagne) atteint un tel niveau (71 %) que le corps médical s'alarme et propose les premiers règlements de protection maternelle et infantile en 1868. Ce marché nourricier cruel était l'effet de la misère. La femme n'avait pas de choix ; elle devait travailler pour survivre et abandonner l'enfant qui en mourait.

À la même époque, la plupart des nouveau-nés des femmes de la bourgeoisie sont également confiés à des *nourrices sur lieu* au domicile des familles aisées. Mais il s'agissait de femmes de la bourgeoisie qui avaient ainsi loisir d'exprimer avec leur nourrisson une affectivité soulagée des plus lourdes tâches matérielles. Cette situation est voisine des solutions modernes adoptées par les femmes qui travaillent.

Complexité du sentiment maternel

Si l'on admet que les seules conduites humaines authentiquement instinctives sont celles qui concernent la survie individuelle, on ne peut plus considérer l'amour maternel comme l'événement obligatoire qui s'impose dans les espèces animales. Comme tout amour humain, l'amour maternel est soumis aux avatars de l'affectivité inconsciente ; il est un événement psychique soumis aux variabilités individuelles.

LE COUP DE FOUDRE POUR L'ENFANT NAISSANT

Porté pendant des mois, l'enfant à la naissance est le partenaire inconnu d'une rencontre étrangère, hétérogène et soumise au risque imprévisible du rejet ou du coup de foudre. Magie imprévisible, le coup de foudre est un jaillissement de l'inconscient. Il résulte de la rencontre entre des représentations inconscientes abritées par le jeune parent, à son insu, et la réalité physique de son enfant. On pense à la formule que donne André Breton *, de *L'Amour fou* : « Je m'étais perdu à moi-même et tu es venu me donner de mes nouvelles. » Pareille formule exprime bien l'intensité de la rencontre de certains parents avec leur nouveau-né : par son identité sexuée, par certains traits de son visage, il vient brutalement leur parler du passé. Comme toute rencontre d'amour, l'amour parental, l'amour maternel, est une surprise. Certaines femmes préparées à abandonner leur enfant à la naissance y renonceront dès le premier regard échangé. Si le choc de la rencontre a eu lieu, il devient impossible de quitter l'enfant, sauf au prix de souffrances irréparables, et on connaît le malheur tenace des parents privés de leur nouveau-né, par décès ou par abandon.

Cette magie peut être rare. Elle peut ne pas avoir lieu ou bien ne survenir que pour un seul bébé d'une série. Dans tous les cas, le compagnonnage quotidien avec l'enfant, son élevage, construiront lentement l'amour-attachement, tout aussi puissant mais moins déraisonnable dans son mode d'apparition. C'est la formule qui fonctionne idéalement

* André Breton, *L'Amour fou*, Paris, NRF, Gallimard, 1971.

dans l'adoption; pourtant, il existe aussi des témoignages explicites d'adoptions décidées à l'orphelinat, sur le coup de foudre d'un parent en mal d'amour.

ÉLOGE DE L'ATTACHEMENT

Un autre constituant de l'amour maternel et de l'amour mutuel va nouer le parent à son petit, c'est l'attachement. Ce concept a été décrit par les éthologues observant les comportements animaux. Il concerne les conduites instinctives et finalisées qui lient de façon obligatoire la mère à ses petits pendant la période de l'élevage. Au printemps, à la campagne, le spectacle est habituel des brebis avec leurs agneaux ou des flottilles de canetons nageant autour de leur mère. En raison de la mobilité des petits, il va de soi qu'un instinct puissant est à l'œuvre et fonctionne pour maintenir la proximité d'avec la mère et la rétablir à chaque écart; cette proximité assure la sécurité des petits et par conséquence celle de l'espèce. Quand le petit s'égare et s'expose aux prédateurs, sa mère, *instinctivement*, le cherche. Konrad Lorenz (97) a aussi montré que l'attachement du petit à sa mère est indépendant du nourrissage et même, expérimentalement, indépendant de toute gratification nutritionnelle. Par la suite, Harlow (71) a aussi décrit que le bébé singe rhésus pouvait s'attacher à une maman singe en tissu moelleux et que la finalité dc cc licn était d'obtenir le seul réconfort du contact sans aucune satisfaction alimentaire.

Le psychanalyste John Bowlby (11) a repris le concept d'attachement dans l'étude des premiers liens unissant la mère à son bébé. Dans la version humaine, on sait que le bébé a tendance à s'agripper à celle qui le soigne, que, lorsqu'il pleure, il est calmé par les paroles, le contact et par la prise dans les bras de sa mère mais aussi de toute personne bienveillante s'engageant auprès de lui. Le très jeune enfant développe un lien puissant avec celle ou celui qui lui prodigue des soins attentionnés. En retour, il induit chez ceux-ci un comportement soignant, base d'un attachement durable de l'adulte.

C'est la douce nourrice de Juliette, dans *Roméo et Juliette* *, qui témoigne de la force de ce lien et s'exclame :

Que Dieu te marque de sa grâce,
Tu étais le plus beau bébé que j'aie nourri
Et si je vis assez vieille pour te voir un jour mariée
Tous mes vœux seront accomplis (...)
(...) Je suis ta bête de somme et je peine pour ton plaisir.

Cet attachement réciproque avec la personne soignante paraît répondre chez l'humain à un besoin primaire, au même titre que les autres besoins de l'autoconservation. Ce lien et les processus qui le sous-tendent sont actuellement l'objet de multiples recherches pour ceux qui s'intéressent aux premiers développements de l'enfant (3, 67, 88, 89). L'attachement va nouer entre eux deux êtres vivants, au travers du corps à corps et de tous les modes de communication sensoriels : allaitement, odeurs et sons, les perceptions cutanées, échanges silencieux de regards.

L'attachement permet à l'enfant de développer un sentiment de confiance incomparable. Si ce lien est bien sécurisant, le bébé pourra, en grandissant, utiliser son parent comme une base pour explorer l'environnement, ou, comme dit le poète ** :

Il leur faut aller librement (...)
Tandis que vous, vous restez
Le rivage vers lequel ils reviennent à l'occasion.

* William Shakespeare, *Œuvres complètes,* Paris, Bibliothèque de la Pléiade, 1959.

** Frances Cornford, « *They must go free – Whilst you remain – The shore where casually they come again* ».

Cette nécessité maternelle de rester un rivage peut entrer en conflit avec ses autres désirs d'activités. Des jeunes femmes renoncent ainsi à allaiter au sein leur bébé, redoutant par avance, parfois de façon inconsciente, d'anticiper la séparation inéluctable à leur prochaine reprise de travail. Elles préfèrent s'engager moins pour moins souffrir ensuite.

Les recherches récentes montrent aussi que les modalités du lien d'attachement sont éminemment transmissibles (98). Une femme ayant développé autrefois un lien non sécurisant avec sa propre mère risque, selon une très lourde probabilité, de répéter le même modèle nocif avec son bébé. La linéarité de certaines transmissions ne laisse pas d'étonner !

On a pu invoquer les avatars de ce lien extraordinairement puissant entre le nourrisson et la personne soignante, à l'origine de certains cas de dépression du sujet adulte (107). Il aurait été brusquement séparé de la personne qui le soignait lorsqu'il était bébé et n'aurait jamais pu, par la suite, stabiliser une relation de confiance.

En tout cas, même non précédé de la surprise du coup de foudre, l'attachement à lui seul, puis les soins maternels, sont fondateurs d'amour mutuel et de ce sentiment océanique tellement particulier qui unit l'adulte à son bébé.

CET ENFANT EST MIEN

Un autre ingrédient intervient dans la chimie de l'amour maternel, c'est l'identification narcissique : « Ce bébé me ressemble, et je le reconnais pour mien. » Cet élan peut être le seul support en cas de séparation précoce, si l'enfant est malade par exemple. Il peut même être la seule racine de retrouvailles tardives, à l'âge adulte, après un long abandon. Il fonctionne comme une certitude que rien ne peut entamer.

Cette identification manque rarement au sentiment maternel ou parental, mais elle ne s'exprime pas toujours sur un mode positif. Beaucoup de jeunes mères déprimées, insatisfaites, entraînent ainsi leur nourrisson dans l'autodévaluation et les reproches qu'elles adressent en réalité à elles-mêmes.

Il arrive aussi que ce mouvement d'identification à l'enfant soit si puissant qu'il envahisse tout le moi du nouveau parent et de façon durable. Suivre longtemps les progrès de l'enfant, sa scolarité, ses performances, faire passer au deuxième plan et durablement sa propre réalisation personnelle : certains jeunes parents risquent d'être victimes d'une dispersion de leur propre identité au profit de celle de l'enfant.

UN AMOUR TEINTÉ D'AMBIVALENCE

Le désir d'enfant le plus vif et l'amour maternel le plus authentique peuvent pourtant s'associer au vœu inverse : voir disparaître l'enfant. L'ambivalence est inscrite au cœur de tout amour humain, et l'amour maternel ne fait pas exception. Paradoxalement, certaines femmes vont choisir, par exemple, le début de leur grossesse pour entreprendre un sport violent, ou un voyage lointain et sans confort ! Les femmes qui identifient en elles des sentiments négatifs à l'égard de leur enfant sont souvent très inquiètes, et, de son côté, l'équipe médicale, garante de la vie, très déconcertée.

Nadine est enceinte à quarante-deux ans pour la première fois. Elle n'a jamais eu de compagnon stable, et cette grossesse surprise dérange ses plans. Elle décide de l'interrompre. Quelques minutes avant l'intervention, dans un grand mouvement de panique, elle réalise que cette grossesse est celle de la dernière chance et elle annule l'opération ! Bien qu'initié négativement, cet enfant lui donnera un réel bonheur.

Une autre femme s'entend très bien avec son nourrisson de trois mois mais elle est régulièrement anxieuse au moment du bain. Un rêve nocturne survient qui va expliciter son inquiétude : au cours du bain, l'enfant savonné glisse entre ses mains et risque de filer par la tuyauterie de la baignoire ! Par ce rêve, par le récit qu'elle en fait, elle tente de maîtriser ses vœux négatifs.

L'amour et la haine à l'égard des personnes qui nous sont les plus proches sont normalement mélangés en chacun d'entre nous, la petite fille le sait bien qui dit à sa mère : « Quand tu seras morte j'épouserai Papa. » Pourtant, l'ambivalence est rarement reconnue, surtout lorsqu'il s'agit de l'amour naturel pour un enfant.

S'ils sont méconnus et maintenus dans l'inconscient, les vœux de mort à l'égard de l'enfant sont guettés par deux destins possibles : d'abord leur transformation en idéalisation de l'objet qu'ils visent. On sait combien ces enfants trop ardemment désirés sont parfois difficiles à vivre. Ils portent la charge écrasante de devoir être à la hauteur des attentes qui les ont précédés, d'être des enfants parfaits.

L'autre évolution des vœux de mort normaux est leur transformation en surprotection anxieuse. Ainsi, certaines mères réveillent leur nourrisson pour s'assurer qu'il est toujours vivant ou bien font autour de lui la chasse aux microbes ou à la pollution. C'est plutôt de leurs mouvements inconscients qu'elles devraient les protéger ! Boris Vian * a résumé cette situation en une phrase qu'il met dans la bouche d'une mère : « Je l'aime tant que je ne pense qu'à ce qui peut lui arriver de pire ! »

Après la naissance, l'ambivalence s'estompe le plus souvent, et c'est d'amour et d'empathie pour un enfant bien réel qu'il va être question.

* Boris Vian, *L'Arrache-Cœur*, Paris, Jean-Jacques Pauvert, 1962.

Chorégraphie du couple mère-bébé

Au commencement de la vie commune d'une mère avec son bébé, il y a tous les actes quotidiens de cette nouvelle intimité tellement surprenante la première fois. Une certaine fluidité va s'installer dans les gestes aux instants d'éveil du bébé.

Les chercheurs en développement du nourrisson (46, 47, 48) ont décrit la gestuelle de la dyade mère-bébé comme une « danse » harmonieuse. Cette chorégraphie est déterminée biologiquement. Elle est la base d'un accordage affectif où passent les sentiments et les craintes de la jeune mère. Les moments d'accordage sont discontinus, mais ils sont des moments fondateurs, des moments d'intense émotion mutuelle où se construit pour l'enfant la pierre angulaire de sa personnalité.

Certains chercheurs (123, 124) insistent même sur l'analogie de cet accord affectif spécifique et souvent silencieux avec le déroulement d'une phrase musicale. Dans la phrase musicale classique, la tonalité qui sera en finale est déjà contenue dans le début. Cette identité de ton donne sa cohérence à l'œuvre. De la même manière, la gestualité de chaque mère trouve sa cohérence dans le maintien d'une certaine tonalité. Chacune développera la sienne, et le bébé saura vite reconnaître la spécificité de celle qui le soigne.

De plus, la phrase musicale ouvre sur le monde des sentiments, l'univers des affects de celui qui compose ou interprète et de celui qui les reçoit, en écho. Par analogie, le bébé serait capable dès sa naissance, en captant la tonalité de l'interlocuteur, d'anticiper le sentiment de celui qui l'approche, d'anticiper sa disposition affective à son égard et de s'y adapter ou d'y réagir (125).

Le déroulement des gestes de l'adulte dans les soins parler et sourire au bébé, le consoler, ressemblerait ainsi au déroulement d'un thème musical. L'intelligibilité des premières mesures permettrait d'en anticiper la finalité, de s'en représenter le sens. Ainsi s'installerait l'accordage qui imprime le style spécifique de la relation entre la jeune mère et son bébé.

Nous avons connu une jeune danseuse pleine de talent particulièrement malhabile avec son nouveau-né. Par la pratique de la danse, cette femme avait lutté toute sa vie pour produire une coordination harmonieuse et fluide de son corps, pour engager son être dans chaque geste. Cette harmonie corporelle ne lui était pas un don spontané. Dans les premières semaines après l'accouchement, elle était plus qu'une autre en difficulté avec son bébé. Dès l'initiation de ses gestes, l'enfant captait l'effort de maîtrise développé au détriment de la spontanéité et réagissait négativement. Dans cette gestuelle des premiers soins (gestuelle sans apprentissage préalable lorsqu'il s'agit de la première maternité) ressortaicnt toutes les maladresses, toutes les ambivalences, tous les heurts qu'elle ne pouvait pas camoufler. Pour cette jeune femme, rien ne semblait avoir été acquis dans les débuts de sa vie, lorsqu'elle-même était un nourrisson.

Maternel masculin et/ou féminin

Le sentiment maternel avec tous ses composants, coup de foudre, attachement, identification narcissique et aussi la gestuelle des premiers soins au bébé ne sont pas l'apanage du seul sexe féminin. Bien des hommes sont susceptibles de s'y adapter à condition d'accepter de s'y laisser aller, et beaucoup s'en défendent !

La maternité, expérience intérieure, prend racine dans la part féminine de la bisexualité psychique (56, 62) dont sont dotés tous les humains des deux sexes. Cette part maternelle de l'amour est aussi une richesse qui peut colorer le plus sexualisé des sentiments humains.

Confronté à un nouveau-né et disposé à s'engager profondément et durablement auprès de lui, un homme inventera les gestes maternels avec autant de talent qu'une mère adoptante qui n'aura pas non plus connu la grossesse et l'accouchement.

Cette aptitude maternelle de l'homme peut être source de rivalité dans les couples autour de l'enfant nouveau-né. La revendication maternelle du père peut être d'autant plus forte que la grossesse et l'accouchement l'auront confronté à l'impossible de son anatomie. Bien des hommes renâclent à être limités à une fonction paternelle symbolique pourtant traditionnelle et indispensable instance séparatrice entre la jeune mère et son bébé.

Ce thème de la capacité maternelle de l'homme est richement illustré par les fictions littéraires et cinématographiques, depuis le célèbre *Kid* de Charlie Chaplin jusqu'aux films de Marco Ferreri et de Pedro Almodovar.

Dans notre culture, les exemples sont encore rares mais significatifs d'hommes livrés seuls à l'élevage d'un petit enfant, cependant des changements sociologiques sont en cours.

Joël est un jeune employé au chômage, et sa très jeune épouse encore adolescente l'a abandonné avec leur petit garçon de trois mois. D'abord désemparé, il est venu demander une aide psychologique à la maternité où elle avait accouché. Cadré par quelques consultations régulières lui donnant un recul critique sur l'aventure qu'il traversait, il a su inventer les gestes maternels pendant trois années consécutives : nourrir, consoler son nourrisson, comprendre ses besoins élémentaires et organiser leur vie commune en faisant passer ce soin avant toute autre préoccupation. Il a construit une interaction harmonieuse et stable dont témoigne la bonne santé physique et mentale de l'enfant.

Chez certaines femmes elles-mêmes, les identités maternelle et féminine ne sont pas superposables ; il leur faut alors l'expérience de donner la vie à une fille pour se sentir femmes. Dans le constat déçu du sexe de l'enfant peut s'exprimer la différence entre identité féminine et identité maternelle.

Ainsi, une patiente, dotée de trois garçons, fait une dépression à l'approche de la ménopause. Seule la naissance d'une fille qui ne viendra plus aurait occupé la place qui, en son temps, ne lui a pas été donnée. Avec une petite fille, elle aurait été témoin de ce qui pour elle tient du miracle : voir grandir une fille. Elle aurait gagné l'assurance qui lui a manqué d'être elle-même aimée en tant que fille. Au contraire, les sarcasmes misogynes de ses frères et de son père ont accompagné son enfance. La naissance de garçons l'a faite mère ; mère comme sa propre mère qui n'appréciait que les garçons. Devenue mère, elle est restée garçonne.

Seuls la différence anatomique, le caractère concret de la grossesse et de l'accouchement établiraient un écart entre la maternité psychique de l'homme et celle de la femme. La mère serait simplement la plus apte à adopter l'enfant dans la mesure où celui-ci prend place assez naturellement dans son schéma corporel. Pourtant, il y a là encore des exceptions, et un nombre restreint mais significatif de grossesses sont non ressenties, méconnues jusqu'à un terme tardif, comme si le témoignage du corps pouvait s'effacer devant la toute-puissance du psychisme.

Maternités tardives

Les grossesses survenant vers la quarantaine ont souvent mauvaise presse. Pourtant, la sécurité médicale moderne leur donne autant de chances de succès, et la prise en compte de leur dimension psychique est presque inévitable.

En effet, plus la première grossesse est tardive, alors que la générosité de la nature commence à décroître, plus la problématique de la maternité est difficilement escamotable.

Pour certaines femmes, les premières grossesses ne sont pas conflictuelles, on pourrait les croire purement biologiques, tant la nature est prodigue. Quand le corps reproducteur fonctionne vite et bien, le corps à corps mère-fille peut être méconnu ! Si la très jeune mère n'a pas d'autre enfant, les composants de sa problématique maternelle risquent d'être escamotés et ensuite oubliés, autant la force du lien originaire à sa propre mère que la nécessité de la gratitude ou l'idéalisation temporaire. Ensuite, aucun lien de causalité intérieure ne lui sera perceptible entre elle-même et l'enfant, familier du fait de l'attachement mais étranger comme un enfant au début d'une adoption.

Pourtant, chez ces mêmes femmes, la conflictualité de la maternité peut surgir à l'occasion d'une grossesse ultérieure, plus tardive, secondaire à des événements ayant problématisé le lien à leur mère, qu'il s'agisse du deuil de celle-ci ou plus simplement de son éloignement affectif ou physique. De nouveau enceinte et tardivement, elle ne pourra plus confronter les représentations de sa mère d'autrefois à aucune vérification dans le présent.

Adolescente en révolte, M. a donné naissance à une fille, presque sans y penser. Plus tard, les difficultés commencent : sa mère disparaît précocement avant toute réconciliation. Peu après, une salpingite met en péril sa fécondité. Elle tente de nouvelles grossesses. À plusieurs reprises, l'enfant qu'elle porte meurt avant la naissance. Un long travail psychothérapique initié auprès de l'équipe médicale l'aidera à reprendre confiance en sa mère perdue, à revivre pour celle-ci une tendresse oubliée, à évoquer la faiblesse qui dominait sa fin de vie. Une nouvelle maternité vivante lui sera enfin donnée.

Ainsi, pour beaucoup de femmes modernes venant tard à la maternité, rien n'est simple dans le *devenir mère*. Plus que d'autres encore, elles auront besoin pour mener à bien leur grossesse d'un lieu où elles pourront développer le récit singulier de leur maternité retardée, auprès d'interlocuteurs bienveillants et disponibles.

Chapitre 4

UN ARTISANAT BERCÉ D'UN RÉCIT

L'avancée technologique moderne maîtrise le temps et l'espace, et cependant l'enfantement demeure un artisanat défiant le progrès, et continuant de prendre place en un temps et un lieu constants depuis les débuts de l'humanité.

La lente élaboration fœtale intra-utérine est à peine entrevue grâce à l'échographie. La temporalité inexorable et l'invisibilité du processus vont stimuler chez la femme enceinte une rêverie créatrice.

L'enfant humain va résulter de la rencontre singulière de la programmation biologique spécifique à l'espèce – des acides nucléiques, des molécules, des cellules – avec le psychisme parental préexistant – des désirs secrets, des rêves, des souvenirs, des mots. La combinaison exceptionnelle de cette rencontre fait de chaque naissance un avènement unique.

La gestation associe ainsi un double processus : édification biologique du fœtus selon les lois de la génétique et de l'embryogenèse et rêverie intérieure de la jeune femme chez laquelle l'événement se déroule. Cette expérience, intérieure et créatrice, est unique et en même temps inspirée de l'apprentissage auprès d'autres modèles féminins. Cette double origine en fait une narration.

Nous empruntons au texte célèbre de Walter Benjamin, Le « narrateur * », les propositions essentielles qui nous permettent de penser ainsi la maternité.

Selon ce philosophe, « il est de plus en plus rare de rencontrer des personnes qui sachent raconter une histoire (...), comme si notre société était en train de perdre une faculté qui nous semblait inaliénable, que nous considérions comme la moins menacée, celle d'échanger des expériences ». Il donne pour exemplaires ces combattants qui reviennent du front, muets, non pas enrichis mais plus pauvres d'expériences communicables ; l'expérience des survivants des camps de déportation permet le même constat.

Or la maternité est par excellence expérience transmise. Comment narrer l'attente d'un enfant à notre époque où les expériences singulières tendent à ne plus se communiquer ?

L'artisanat de la gestation

Le récit de l'expérience vécue a longtemps prospéré chez les artisans, chez les marins et les paysans, pour s'éteindre progressivement avec le développement de la technique industrielle. Le récit scandait le labeur monotone. Il était la forme artisanale de la communication transmise d'une bouche à l'autre. Lorsque le rythme du travail se rend maître de nous, nous prêtons l'oreille aux histoires de telle sorte que, de lui-même, le don vient de les répéter, en mêlant intimement rêveries et récits contés. La monotonie de la narration plaît aussi à l'enfant sur le point de s'endormir, bercé de récits répétitifs qui s'impriment pour toujours. On pense à Marcel Proust enfant écoutant intensément sa mère à la lecture du soir : « L'action me paraissait d'autant plus obscure (...) que je rêvassais pendant des pages entières à tout autre chose ; et aux lacunes que cette distraction laissait dans le

* Walter Benjamin, « Le narrateur », *op. cit.*

récit s'ajoutait, quand c'était Maman qui me lisait à haute voix, qu'elle passait sous silence toutes les scènes d'amour * ! »

Les tâches monotones et répétitives sont favorables au bercement de la narration, à sa transmission et à la rêverie qui s'y mêle. Or l'un des derniers artisanats qui relie encore l'humain moderne aux formes ancestrales du travail est le travail de la gestation. En résonance avec la nature, cette élaboration silencieuse se déroule dans les profondeurs. Ce travail est vaguement perceptible par des sensations venues de l'intérieur et il est difficilement communicable. Il se traduit par un état de détente, un état d'ennui qui trouve mal sa place dans la ville moderne. On sait combien la jeune femme enceinte peine à coexister dans le monde du travail. Ce dernier fait peu de place a son rythme propre, au point même d'être dissuasif à l'égard de sa maternité. La *lenteur* et le temps sont des éléments essentiels du processus maternel. À côté du temps biologique de l'embryogenèse qui se déroule jusqu'à la maturité prend place le temps psychique du rêve, des rêveries diurnes et des réminiscences.

LE TEMPS DE L'ATTENTE

Walter Benjamin décrit ainsi les différents modes de rapport au temps en général. Le joueur est celui qui fait passer le temps, qui l'expulse, qui l'évacue hors de lui-même ; le flâneur, celui qui, au contraire, se charge du temps comme une batterie se charge du courant et puis, bien différent de ces deux-là, celui ou celle qui attend, celui qui prend le temps avec lui et le rend sous une autre forme, sous la forme de l'attente. « Celui-là tourne vers l'extérieur la doublure du temps, (...) il raconte ses rêves, (...) il parle des passages, des architectures où il vit une nouvelle fois oniriquement la vie

* Marcel Proust, *À la recherche du temps perdu*, Paris, Bibliothèque de la Pléiade, Paris, 1954.

de ses parents, de ses grands-parents comme l'embryon dans le ventre de sa mère répète la phylogenèse *. »

On ne saurait mieux dire l'expérience intérieure de la maternité : du désir d'un enfant à la naissance d'un être au visage inconnu par avance, la gestation, travail intime, se développe comme une narration. Pendant que l'être à venir parcourt les étapes de l'embryogenèse, l'attente maternelle écrit un récit original, tournant vers l'extérieur la doublure du temps, assemblant des éléments hétérogènes empruntés à sa vie antérieure, à celles de ses ascendants. Dispersés jusque-là, ces éléments vont s'imposer comme les pièces d'un puzzle. L'attente de l'enfant qui se construit au rythme imposé par la biologie est une nouvelle invention du temps.

RÊVES ET RÊVERIE CRÉATRICE

Les nuits de la femme enceinte sont souvent animées de rêves, indirectement liés à son vécu physiologique, et qu'elle raconte volontiers au professionnel attentif.

En début de grossesse, une jeune femme rêve : elle porte un œuf qui s'ouvre comme une boîte ovale et contient un nouveau-né de très petite taille; lorsqu'elle ouvre l'œuf, le bébé déjà lui sourit et réclame le biberon. Cet œuf en poche, elle revisite des lieux d'enfance oubliés, des maisons d'autrefois; en particulier celle de ses parents où elle vivait adolescente et où, des années plus tôt, dans une période de détresse, elle a tenté de mourir. Dans cette maison, elle ouvre l'œuf pour nourrir l'enfant et d'un geste maladroit brise le jaune qui se répand. Elle hurle, et son propre cri la réveille.

Au terme dû, elle donnera naissance à une vie nouvelle. Cet enfant neuf, pourtant marqué de pensées de mort en écho à sa détresse d'autrefois, va la faire renaître de la tentative de suicide de sa jeunesse, lui rendre l'élan d'espérance

* Walter Benjamin, *op. cit.*

qui lui avait un temps manqué. La puissance poétique du rêve annonçait déjà cette renaissance.

UN ÉTAT DE DÉTENTE

« On ne raconte d'histoires que pour qu'elles soient répétées et on cesse de raconter lorsque les récits ne se conservent plus *. » De nos jours, les récits ne se préservent plus car on a cessé, en les écoutant, de filer et de tisser ou de réparer ses filets en devisant avec son apprenti. On a perdu cet état de détente créé par le travail monotone où les mots s'impriment d'autant plus que l'on s'oublie soi-même ; cet état de détente ou d'ennui est l'analogue du sommeil au plan spirituel ; l'ennui est « cet oiseau du rêve qui couve l'œuf de l'expérience ; au moindre bruit dans les feuillages l'oiseau s'envole », et dans les villes modernes, il ne trouve plus d'endroit pour faire son nid. Cet état de détente, d'ennui monotone est aussi celui de la femme qui attend l'enfant.

La narration de la maternité traduirait alors la résonance de la gestation avec la nature – ce que notre modernité tend sans cesse à faire oublier en proposant pour cet événement unique et singulier un point de vue scientifique et généralisant.

Une narration tissée dans l'étoffe de la vie

La faculté innée à échanger les expériences a tendance à s'appauvrir au profit du concept moderne de l'information. L'information qui généralise et simplifie est souvent mythifiante. Elle est l'inverse de la narration ; elle nourrit les guides de grossesse, les magazines spécialisés pour les femmes enceintes et leur entourage. Cette information se veut compréhensible pour soi et en soi ; elle doit être plau-

* Walter Benjamin, *op. cit.*

sible. Mais alors plus rien de surprenant n'y est relaté. Au contraire, c'est une moyenne de comportement qui est proposée comme modèle général.

Chaque maternité est une expérience complètement singulière, ce dont l'information ne peut pas rendre compte. Celle-ci se veut porteuse de conseils, mais conseiller, c'est avant tout présenter une suggestion concernant la suite d'une histoire en train de se passer. Pour recevoir cette suggestion, encore faudrait-il être d'abord capable de raconter l'histoire totalement originale qui se déroule.

Tissé dans l'étoffe même de la vie, le conseil serait une sagesse. Si, au contraire, il est délivré comme une norme à suivre, le conseil reste extérieur, et l'information devient un appauvrissement de l'expérience individuelle. Les femmes ne peuvent pas s'y retrouver et souvent se plaignent de ne pas reconnaître dans la littérature spécialisée, qui leur est pourtant destinée, l'écho de leur expérience particulière.

UN RÊVE INAUGURE UNE GROSSESSE MÉCONNUE

On ne peut sans doute rien dire d'une œuvre en train de se faire, ni d'un enfant en train de s'édifier. C'est la nuit de la création, et, dans le silence, la seule parole fiable est celle qui va émaner de l'inconscient.

Ainsi, il n'est pas rare qu'une grossesse se révèle par un rêve augural. La gestation est encore à peine perceptible, et un rêve de poésie naïve survient. Il paraît à des années-lumière des biotechnologies actuelles.

Une jeune femme espère un enfant depuis des années et se soumet à un protocole d'assistance à la procréation ; dans les jours qui suivent, elle rêve. Elle est dans son Maroc natal, dans la maison de son père. L'abricotier du fond du jardin est chargé de fruits. Habituellement en cette saison, avec les autres enfants de la maisonnée, elle va offrir des paniers de fruits aux voisins ; mais voici les abricots transformés en têtes de bébés accrochées à l'arbre comme autant de cadeaux sur un arbre de Noël, sur un arbre de vie. L'abricotier, arbre d'abondance, a été planté par son grand-père paternel, il symbolise la prospérité et la générosité familiales.

Quelques jours plus tard, une grossesse se confirme dont il naîtra un garçon. L'abricotier du rêve, véritable arbre généalogique, métaphorise le désir de filiation de cette femme et marque de façon fulgurante – l'éclair du rêve – la place qu'elle assigne sans le savoir à son futur enfant. Suivant en cela un mandat transgénérationnel inconscient, elle inscrit directement son petit dans la lignée de son propre père.

LE MANDAT DES GÉNÉRATIONS PRÉCÉDENTES

À notre époque, les liens familiaux sont souvent distendus ou brisés, la conception d'un enfant devient affaire de volonté. La plupart des jeunes couples s'imaginent être les seuls auteurs de l'enfant à venir et oublient le vivant tissage avec leurs ascendants que l'enfant va incarner. Non reconnu, ce tissage se fera néanmoins, mais à leur insu. Leur lien à leur propre enfant ressemblera à cet égard à celui qu'inspirerait une filiation adoptive. Ils ignoreront le mandat des générations qu'ils vont transmettre malgré eux (85). Il arrivera que l'enfant le rencontre, plus tard, sous la forme de son destin.

C'est de ce tissage dans l'étoffe vivante de l'histoire individuelle et familiale que témoignent les récits et les rêves du temps d'attente de l'enfant.

A. ignore encore le sexe de l'enfant qu'elle porte. Elle rêve alors de sa propre mère écoutant une chanson dont le titre est un prénom féminin. Cette chanson populaire parle d'un amour perdu à la guerre. Ce thème est le reflet fidèle du passé de cette mère maintenant âgée et qui a traversé le dernier conflit mondial. Quelques semaines plus tard, A. accouche d'une petite fille qu'elle prénomme comme la chanson. Cette enfant dédiée à sa grand-mère sera le soleil de sa vieillesse.

En fin de grossesse, un rêve peut ainsi illuminer le projet inconscient dont l'enfant est porteur d'avance à l'insu de tous.

CALCUL INVOLONTAIRE DE LA DATE DE NAISSANCE

Il arrive aussi qu'un calcul inconscient s'en mêle et se substitue à la maîtrise raisonnable et raisonnée de la fertilité. Il vient donner à la maternité un sens inattendu (14, 18).

Une autre femme, après des années d'infertilité et de traitements infructueux, va enfin commencer une grossesse à une date telle que l'accouchement sera prévu pour le jour même de la naissance de sa mère disparue depuis longtemps. Cette maternité-surprise va prendre la valeur d'une célébration anniversaire involontaire. Elle va traduire l'espoir fou de la reconquête magique de la mère perdue à travers la répétition de la date sur le calendrier.

Une autre encore découvre avec étonnement qu'elle a conçu son premier-né à la date exacte de l'avortement qui, vingt ans plus tôt, a dévasté son adolescence.

Ces coïncidences de dates anniversaires – dates commémoratives – ne sont pas rares au cours des maternités. Qu'il s'agisse de rêveries, de réminiscences, de rêves, de calcul involontaire et inconscient d'une date de naissance renvoyant à une autre date significative, ce sont autant de mystères de la nature qui accompagnent la lente incarnation de l'enfant.

UNE EXPÉRIENCE POUR CELLE QUI ÉCOUTE

Comme l'écrit encore Walter Benjamin, la narration de l'expérience singulière aurait toujours une valeur utilitaire, exemplaire ; son mot d'ordre serait de dégager la morale d'une histoire, et, ainsi, ce qui est conté deviendrait expérience pour celui qui écoute. « Les narrations ne se dépensent pas, elles gardent leurs forces recueillies en elles-mêmes, comme un grain de blé conservé dans les pyramides a gardé intact son pouvoir de germination *. » Les récits maternels ont ainsi une valeur exemplaire, un véritable pouvoir de germination pour ceux et celles qui les écoutent. À l'époque actuelle, il paraît bien révolu le temps où l'humain se croyait en résonance avec la nature ! C'est pourtant à ces temps de poésie naïve que la narration maternelle reste fidèle, déroulant des événements qui échappent à la modernité, à l'idée même de progrès, au même titre que la mort, au même titre que la naissance.

L'expérience de la grossesse et de la naissance porte en soi la surprise d'un événement totalement naturel, étranger au progrès de la civilisation.

L'identification à une autre femme

Le processus essentiel prend également part à la narration maternelle : c'est la nécessaire identification à une autre femme. Il s'agit de se reconnaître femme, mère en puissance, inspirée par une autre. Il peut s'agir de la mère réelle de la jeune femme qui aura su transmettre de façon vivante et désirable son expérience personnelle. D'autres fois, le modèle est pris dans l'entourage et cela d'autant plus que l'identification à la mère réelle d'origine a été défaillante.

L'ACCOUCHEMENT D'UN PARTISAN

Un récit littéraire illustre profondément ce propos. Il s'agit de la nouvelle de Vassili Grossman, *Dans la ville de Berditchev* **.

C'est le récit d'un épisode héroïque de l'Armée rouge au début de la révolution : une très jeune femme, Vavilova, a

* Walter Benjamin, *op. cit.*

** Vassili Grossman, *Dans la ville de Berditchev, in Nouvelles soviétiques*, Paris, Plon, « Feux croisés », 1950.

pris les armes aux côtés des partisans ; c'est un vrai soldat, un garçon manqué, en culottes de cuir, à cheval toute la journée, un mauser au côté. Des mois plus tôt, elle a aimé un compagnon d'armes, un homme taciturne qui, à travers le drap épais de sa vareuse, a su toucher son cœur de femme ; mais il a été tué lors de la dernière attaque. Quand Vavilova découvre que son ventre abrite un être vivant, elle lutte opiniâtrement contre lui, sautant lourdement de cheval, buvant des infusions d'herbes et s'aspergeant d'eau brûlante. Mais le petit être croît obstinément. Vaincue, elle doit déclarer sa grossesse au commissaire du bataillon et obtenir quarante jours de congé pour raison de *maladie de femme*. Elle va s'installer dans une chambre réquisitionnée chez Beila et son époux, de pauvres artisans juifs flanqués de sept enfants, sept anges frisés en loques, dans la petite ville de Berditchev.

Beila va s'occuper d'elle comme une grande sœur. Et quelle n'est pas la surprise de l'époux lorsque, au retour du travail, il trouve, assise auprès de Beila, une grande femme en robe ample, la tête couverte d'un fichu bigarré, qui rit en dépliant de ses grandes mains de minuscules brassières de poupée !

Vavilova, en vrai garçon manqué, en partisan, ne sait rien de la grossesse et elle n'imagine rien de la naissance ; docilement, débutante, elle se soumet au grand savoir de Beila. « Elle écoutait, elle posait des questions : comment nourrir, baigner, poudrer un nourrisson, que faire pour qu'il ne pleure pas la nuit, combien de couches prévoir (...), tout un monde compliqué avec ses lois, ses traditions, ses joies, ses peines. Vavilova ne savait rien de tout cela. » Comme un vieux soldat, Beila raconte à sa jeune recrue les grandes douleurs et les grandes joies de l'enfantement. Pour la première fois, Vavilova rencontre un être humain qui lui parle de ce désagrément accidentel comme d'un événement heureux, l'un des plus importants et des plus nécessaires de la vie.

Puis arrive l'accouchement, et Vavilova se soumet à l'autorité de la sage-femme de village qui, trapue et rougeaude, lui rappelle le commandant de la division. Dans les dernières poussées de l'enfantement, Vavilova, folle de douleur, hurle des grossièretés, lutte contre Dieu et le sort maudit de la femme.

C'est un garçon ! Vavilova contemple son nouveau-né ; elle s'étonne qu'une boule de chair rouge violacé aussi insignifiante soit la cause de souffrances terribles. Elle s'était imaginée que son enfant allait naître déjà grand, le visage constellé de taches de rousseur, qu'il commencerait tout de suite à faire des bêtises, à crier à tue-tête. Au lieu de cela, il est fragile et faible comme une tige d'avoine, sa petite tête ne tient pas toute seule et il piaille doucement ; « fiston », lui dit-elle tendrement, et elle commence doucement à pleurer. « Pour la première fois elle pleurait celui qui avait été tué au combat et ne connaîtrait pas son fils. »

Beila et son mari ne cessent de s'étonner ! – cette Ukrainienne perd la raison. Elle l'emmène chez le docteur à tout instant ; à la maison, on ne peut plus ouvrir une porte, ou bien on va le réveiller, ou bien il va prendre froid, ou bien il va avoir la fièvre. En un mot, notre partisan est devenu une vraie mère juive !

Quelques jours plus tard, la division armée de Vavilova repart au combat, et, soudain, Beila la voit courir dans la rue, suivant les élèves officiers. C'est de nouveau une grande femme en bonnet et en capote ; elle charge un grand mauser gris. À la maison, l'enfant s'est réveillé ; il pleure, bat des pieds, cherche à défaire ses couches. Considérant la scène, Beila dit à son mari : – notre bébé s'est réveillé, il faut réchauffer son lait.

Et le détachement de Vavilova disparaît au coin de la rue.

Vivant et luttant comme un homme, elle est devenue mère le temps d'une fin de grossesse et d'une rencontre fondatrice rendant possible l'identification à une autre femme, bienveillante et expérimentée.

UNE NARRATION À VALEUR UNIVERSELLE

La sobre concision de la narration de Vassili Grossman soustrait le récit à une analyse psychologique qui prévaudrait au contraire si, de cette anecdote, l'auteur avait tiré tout un roman compliqué. La narration diffère du roman par sa portée universelle : « Le lieu de naissance du roman est l'individu solitaire qui ne peut exprimer que ce qui est sans commune mesure. La quête du sens d'une vie est le mot d'ordre du roman. »

Au contraire, la narration, la simple histoire, prend facilement une valeur universelle. La plus masculine des femmes peut être touchée de la grâce maternelle par la rencontre et l'identification à celle qui lui transmet son grand savoir. Et la narration maternelle, au sens que nous lui donnons, est contenue pour l'héroïne, Vavilova, dans cet épisode bref de quelques semaines. Ce temps de rêverie maternelle, ces semaines ou ces mois de rencontre fondatrice avec Beila pourront être rapidement oubliés. Leur trace subsistera dans la mémoire des témoins et pourra, de quelque façon, être transmise à l'enfant.

Ainsi le temps de narration maternelle traversé par toute femme enceinte est-il fondateur du récit initial que l'enfant reçoit. Ensuite, en grandissant, il s'inventera un mythe autour du récit de sa naissance et sera souvent, toute sa vie durant, à sa recherche.

Chapitre 5

LE REGARD INTÉRIEUR DE LA MADONE

La recherche clinique auprès des femmes enceintes révèle que la grossesse est le moment d'un état particulier du psychisme, d'un état de *transparence* où des fragments de l'inconscient viennent facilement à la conscience (16). Ce phénomène qui, cliniquement, caractérise souvent de graves affections se présente chez la femme enceinte comme un événement ordinaire.

Des auteurs avaient déjà noté que la gestation est l'occasion d'une crise psychique et l'avaient rapprochée de celle de l'adolescence (7, 8, 40, 116). À chaque étape du cycle biologique, un certain nombre de tâches psychiques doivent être exécutées, dont dépend le passage à l'étape suivante. À l'instar de l'adolescence, la période de la grossesse est ainsi, de façon essentielle, une période de conflictualité exagérée, une période de crise maturative : dans le premier cas, l'enjeu est de renoncer à l'enfance pour aborder l'âge adulte; ensuite, lors de la première maternité, l'enjeu est le changement de génération inéluctable et flagrant. La crise maturative – qu'il s'agisse de l'adolescence ou de la grossesse – se traverse en mobilisant de l'énergie psychique, en réveillant de l'anxiété et des conflits latents, mais elle est aussi recherche et engagement dans de nouvelles virtualités. Cette crise contient sa propre capacité évolutive ; elle contribue au processus de formation d'une identité nouvelle.

Le psychanalyste britannique, Donald Woods Winnicott, avait, le premier, observé l'existence d'un état psychique singulier chez des femmes récemment accouchées (129). Cet état particulier, s'il n'y avait la présence de l'enfant, pouvait passer pour une authentique pathologie mentale. Selon cet auteur, cette « préoccupation maternelle » atteint un degré de sensibilité accru spécialement à la fin de la grossesse et dans les semaines qui suivent la naissance.

Au cours des premiers mois de la vie du bébé, d'autres chercheurs (87), étudiant le développement précoce de l'enfant, ont mis en relation les contenus psychiques maternels avec les réactions du nourrisson. Avec le concept d'« interactions fantasmatiques » entre la jeune mère et son bébé, ils ont dirigé l'attention et l'intérêt vers les contenus psychiques de la femme enceinte.

Un champ d'étude nouveau a été ainsi créé à la limite de l'espace intrapsychique (à l'intérieur même du psychisme de la jeune femme) et du domaine intersubjectif (entre sa subjectivité et celle, débutante, de son bébé). Dans ce moment de leur vie commune – la grossesse –, l'enfant a un double statut. Il est présent à l'intérieur du corps de sa mère et de ses préoccupations mentales, et pourtant il est absent de la réalité visible. Il est actuel, et en même temps il n'est représentable que par des éléments du passé.

L'étude de cette période n'a pas un intérêt purement descriptif. Elle porte un enjeu majeur : celui de la prévention des effets négatifs que certaines dispositions maternelles peuvent déclencher chez le petit enfant (30).

Une transparence inhabituelle du psychisme

Quel que soit le stade de développement de la grossesse, la transparence psychique de la femme enceinte est de repérage assez aisé car l'équilibre habituel est ébranlé. La jeune femme manifeste un état relationnel particulier, un appel à l'aide latent, ambivalent et quasi permanent, tout comme à l'époque de l'adolescence. C'est l'appel à un référent qui serait solide et bienveillant. Cet appel est vivement ressenti par les praticiens consultés.

En outre, pour ces femmes, il s'établit une corrélation évidente entre la situation de gestation actuelle et les remémorations infantiles. Cette authenticité particulière de la vie psychique, ce radicalisme, lui aussi, rappelle l'adolescence. Il est perceptible dès les premières semaines de la grossesse.

La clinique quotidienne nous apprend aussi que les femmes enceintes, pour la plupart, vivent un certain retrait du monde extérieur. L'activité professionnelle, même fortement investie, est en perte de vitesse ainsi que les relations affectives, même passionnelles.

UNE RÉACTIVATION DU PASSÉ

Au cours de cette période, des réminiscences anciennes et des fantasmes habituellement oubliés affluent en force à la mémoire, sans être barrés par la censure.

Ainsi, une jeune patiente rêve répétitivement du premier amour de son adolescence. La force érotique de ses productions de la nuit ne manque pas de l'embarrasser car elle aime profondément le père de l'enfant qu'elle attend. Mais le passé auparavant oublié s'impose sans référer à la raison!

Une autre se souvient sans gêne des ébats amoureux clandestins de sa mère en l'absence du père. Elle a huit ans et se demande avec angoisse, mais avec un secret espoir, si cet homme ne viendra pas ensuite dans sa chambre !

D'autres fois, pendant la grossesse, le passé revient sous la pure forme d'un sentiment douloureux, d'une tristesse irraisonnée. Avant d'incriminer une hypothétique dépression, on peut chercher avec cette femme à quel moment de sa vie d'enfant, à quelle émotion de la petite fille d'autrefois, l'état de grossesse vient donner la parole.

Mme D. est ainsi accablée d'une tristesse incompréhensible dès le début d'une gestation pourtant ardemment désirée. Elle ne sera soulagée qu'après une fausse couche spontanée et fera le lien entre sa détresse actuelle et celle qu'elle éprouvait, petite fille, après la désertion de son père.

Notre vie quotidienne, notre monde intérieur, sont habituellement à l'abri de l'irruption intempestive du passé grâce à l'action d'une force psychique que l'on nomme le « refoulement (57) ». Cette force maintient dans l'oubli bien des souvenirs et des émotions d'autrefois ; or ce refoulement est en crise lors de l'attente d'un enfant, il n'assure plus sa fonction protectrice.

Mme A. porte une grossesse débutante qu'elle veut interrompre. Elle a trente-huit ans et vit heureuse avec son mari et sa fille de quinze ans, née de sa précédente union. L'enfant à venir est celui de la dernière chance, et sa demande d'avortement n'est pas *raisonnable*. Elle relate alors sans réserve ce qu'elle n'a jamais raconté à personne. Adolescente, à l'âge actuel de sa fille, elle vivait auprès de sa mère remariée. Elle rêvait chaque nuit de son beau-père – pure rêverie ou réalité incestueuse, elle ne sait pas. Ce souvenir a toujours été culpabilisé, et sa mère n'en a rien su. Elle n'y avait jamais repensé jusqu'à la grossesse présente. Cette remémoration actuelle que le refoulement ne barre plus est d'une grande vivacité.

UN SOUVENIR NOSTALGIQUE

En participant à l'idéal social qui fait de l'enfant le sujet principal de la grossesse, nous pouvions nous attendre à ce que l'enfant espéré soit le thème dominant de la pensée de la femme enceinte et le sujet le plus fréquemment abordé au cours d'entretiens cliniques avec elle. Il est remarquable de constater qu'il se produit exactement l'inverse. La plupart du temps, la jeune femme qui a l'occasion de s'exprimer librement se montre nostalgique et centrée sur l'enfant qu'elle a été autrefois. Les représentations de l'enfant à venir, les fantasmes le concernant tiennent une place restreinte, parfois nulle, dans ses propos spontanés. L'enfant imaginaire est soigneusement maintenu au secret.

Les entretiens psychothérapiques tels que nous les avons organisés à la maternité (cf. chapitre 7) permettent à la femme enceinte sa prise en compte en tant que personne. Cette attention particulière peut être nécessaire à un moment où l'ensemble du milieu, médical et familial, accorde prioritairement son intérêt au bébé. Cette rencontre permet à la femme, et en dépit du brouhaha social, de retrouver l'écho de sa voix personnelle, l'écho de son narcissisme. Il suffit parfois d'exhumer avec elle un conflit ancien, auquel la transparence psychique confère une nouvelle actualité, pour dédramatiser une situation à peu de frais. Donner la parole à l'enfant qu'elle a été suffit souvent pour restaurer celui qu'elle porte. Ainsi, Mme A, après un unique entretien, a gardé l'enfant qu'elle portait. Elle l'a reconnu comme un être nouveau, différent de sa rêverie d'autrefois, et l'a accueilli avec joie.

LA RÉALITÉ INTERNE, UNE EAU PROFONDE

Dans la vie habituelle, les souvenirs, surtout ceux qui nous embarrassent, sont ancrés au fond de l'oubli et maintenus aux profondeurs de l'inconscient par la force du refoulement. Si cette force se relâche – ce qui survient à l'occasion de la grossesse – les souvenirs gênants peuvent venir flotter en surface et être alors livrés sans retenue dans les propos spontanés suscités par un entretien.

En dehors de cette circonstance exceptionnelle que constitue la grossesse, ces souvenirs n'auraient jamais été communiqués. On peut dire que, comparés au caractère exorbitant de l'événement en cours – l'élaboration d'un enfant –, les souvenirs les plus scabreux, les plus inavouables se dévaluent comme une monnaie qui n'a plus cours et qui, cessant d'être précieuse, peut être distribuée avec largesse en paroles.

Les réminiscences qui affluent touchent souvent à la sexualité infantile dans ce qu'elle a de plus mystérieux pour l'enfant d'autrefois, l'enfant d'une époque révolue que son immaturité tenait à l'écart des secrets des adultes.

UNE PASSION SILENCIEUSE

Le silence sur l'enfant attendu en tant que tel est habituel et mérite un commentaire. D'une façon générale, la mise au secret et au silence d'un secteur de l'activité mentale est le signe de son érotisation. Ainsi, l'avare cache sa cassette, et l'alcoolique nie sa consommation. Ici, le secret concerne l'enfant encore intérieur, et le silence qui l'entoure témoigne de l'érotisation dont il est l'objet. C'est le silence de la passion amoureuse et du bonheur intime qui se passe de commentaire et de partage. Il est voué au secret car la rêverie règne, et rien n'est dit. Cette passion se suffit à elle même car son objet n'est pas extérieur à soi.

Lorsqu'un entretien psychothérapique est proposé, des sujets étrangers à cette passion muette vont s'y dévoiler et toute thématique psychique étrangère à cette invasion intérieure perd son intérêt. Ce désintérêt pour les sujets étrangers à la nouvelle condition physique et psychique explique leur émergence sous forme de souvenirs oubliés, de fantasmes, de représentations. En dehors de la grossesse, ces mêmes représentations, ces mêmes souvenirs d'abus sexuel ou d'amour clandestin seraient soumis à la censure. Toutes ces questions auparavant secrètement investies sont maintenant dévaluées. Elles perdent la charge libidinale qui les vouait au silence. D'anciennes histoires oubliées et des fantasmes cachés sont alors communiqués sans gêne. Par rapport à l'événement nouveau qu'est la grossesse, plus rien de tout cela n'a d'importance.

UNE RENCONTRE AVEC SOI-MÊME

Dans tous les cas, la grossesse est l'expérience d'une rencontre intime avec soi-même : c'est la capacité d'érotiser une partie interne de soi qui est en question. Cela explique le silence sur l'enfant de la plupart des jeunes femmes enceintes. Si, au contraire, leur équilibre narcissique est ébranlé par l'expérience de la gestation, d'intenses préoccupations peuvent surgir. Elles s'expriment alors sous forme de plaintes somatiques formulées à la consultation médicale prénatale ou prennent l'aspect de préoccupations anxieuses concernant l'avenir personnel et celui de l'enfant. Cette anxiété, cette hypervigilance surviendront tout particulièrement lorsque la confiance de la jeune femme en elle-même aura été ébranlée par une fausse couche, une catastrophe obstétricale précédente, une mort périnatale ou une simple suspicion d'anomalie au dépistage échographique.

L'érotisation muette du bébé intérieur, de l'enfant attendu, se retire progressivement après la naissance au profit de la resexualisation de la vie conjugale et sociale. Les femmes s'en souviennent difficilement lorsqu'elles en sont remises. Mais ce retrait de l'érotisation ne se fait pas systématiquement. Son maintien après la naissance contribue à nombre de ruptures conjugales.

Enfin, le corollaire de cette transparence psychique si vive pendant la grossesse est la silencieuse émotion qui se dégage d'un entretien clinique auprès d'une femme enceinte. Cette émotion est suscitée par l'authenticité des souvenirs qui s'y livrent, par l'absence touchante de réserve, par l'appel à l'aide qui s'y exprime sans se dire comme tel. C'est également ce qui se produit avec les adolescents. Une autre source d'émotion pour le praticien est l'empathie qu'il porte au fœtus invisible et pourtant si présent, vulnérable et atemporel. Au cours d'un entretien, cette empathie fait parfois perdre la notion du temps et les repères de l'instant.

CRISTALLISATION DES CONTENUS INCONSCIENTS À L'ARRIVÉE DE L'ENFANT

Les représentations et les fantasmes dominants qui s'expriment pendant toute cette période risquent cependant d'acquérir une matérialité avec l'arrivée de l'enfant.

Une jeune mère nous confie ainsi la difficile mise au sein de son nouveau-né et son angoisse d'être victime de la voracité de son bébé. Cette voracité lui fait penser à la grande bouche de sa propre mère, capable de gober un œuf d'un seul coup ! Ancien nourrisson elle-même, elle revit les angoisses d'autrefois avec le bébé d'aujourd'hui.

La mère joue avec son enfant, dès les premières semaines, les conflits et les angoisses qui ont fondé sa relation première (76). Du fait de sa plasticité et en dépit de ses compétences, le tout-petit peut devenir le lieu d'expression privilégié, un lieu de cristallisation de ces conflits. Des chercheurs ont montré l'effet pathogène des fantasmes maternels refoulés dans l'interaction précoce de la première année de la vie (77). Mis en actes par la mère au travers des gestes de soins quotidiens, ils risquent d'entraîner des troubles chez son petit, dans la sphère du sommeil ou de l'alimentation.

La grossesse est donc ce moment privilégié de transparence psychique au cours duquel une alliance thérapeutique peut s'opérer avec le narcissisme maternel. Cette alliance favorisera le dévoilement de fantasmes et de souvenirs ordinairement refoulés qui pourraient peser sur l'enfant qui grandit. Partagés avec le thérapeute, tel souvenir chargé d'affect, tel fantasme invasif perdront leur charge émotionnelle. L'impression ancienne se dissoudra au fil des entretiens, favorisant une plus grande disponibilité de la jeune mère à l'égard de son nouveau-né.

Les peintres de la Renaissance traduisent le monde intérieur de la maternité

S'il existe bien un processus psychique particulier parallèle au développement physique de la gestation, les poètes l'auront certainement déjà dit, et les peintres l'auront capté sur le visage de leurs modèles. Ils auront su traduire la silencieuse éloquence du regard de la mère ou de la future mère, témoin de sa réalité intérieure.

Le regard est habituellement considéré comme le reflet du monde interne. Il appartient ou non à l'univers qu'il côtoie mais il témoigne sans mensonge du fond de l'âme (108). À la base de l'inspiration de la plupart des artistes depuis les débuts du monde chrétien, il y a le regard maternel de Marie. En représentant la Vierge, les peintres de la Renaissance ont su arracher à leur modèle une étincelle de vérité et traduire dans la matière une silencieuse représentation de son monde intérieur. Cette fulgurante intelligence des peintres est restée ignorée des siècles durant. On ne peut que s'extasier devant cette connaissance en éclair, comparée à la lenteur élaborative de l'étude du psychisme sur le terrain clinique en général.

DES VIERGES PRIMITIVES AUX GRANDS YEUX

Les plus anciennes maternités représentées sont celles des iconographies byzantines et romanes, fresques et mosaïques. Les yeux de la Mère sont grands ouverts sur le monde. Ce regard invitant à l'adoration de l'enfant s'adresse à la chrétienté. Ce sont les Vierges de Ravenne ou de Monreale du VIe au XIIe siècle. Plus tard, les maîtres siennois du XIIIe reproduiront ces Vierges aux grands yeux dont le regard saisit de face le passant. Guido da Siena et Duccio di Buoninsegna peindront ce regard à la fois virginal, hiératique et propagateur de foi religieuse et de vérité. Les grands yeux maternels ainsi que ceux de l'enfant contemplent la chrétienté.

Cette représentation théologique de la maternité se poursuit dans le monde orthodoxe par la tradition de l'icône. Ce sont les représentations de la Vierge *Hodigitria* : la mère de Dieu est « celle qui montre le chemin du salut ». De sa main droite, elle désigne l'Enfant Jésus qui, sur ses genoux, bénit les croyants.

LES MADONES RENAISSANTES

En Italie, dans le monde chrétien romain, la Renaissance s'amorce, et les madones s'humanisent. On passe de la Vierge à la Madone. À partir de cette époque, les peintres se libèrent des représentations théologiques, s'inspirent de la réalité et surtout de celle de leurs modèles féminins. Aussi Marie prend-elle le visage d'une jeune femme, peut-être enceinte, peut-être récemment accouchée. En tout cas, il s'agit d'une femme jeune, celle qui a posé pour le peintre. Elle a l'âge de la maternité, elle allaite et soigne l'enfant avec des gestes humains.

Taddeo di Bartolo, Simone Martini peignent encore des Vierges de face inspirées par l'iconographie théologique. Les regards disent encore la foi chrétienne, mais les peintres ajoutent un geste de tendre humanité, la main de l'enfant accrochée au voile de sa mère, ou bien celle-ci lui tenant délicatement le pied. C'est alors une mère très humaine, vivante, qui est représentée. Rarement les peintres proposent quelques regards plafonnants d'extase ; mais ceux-ci sont plutôt réservés aux saints, tel saint François de Piero della Francesca.

LE REGARD MUTUEL

À la même époque, Bartolo di Fredi, Pietro Lorenzetti peignent des échanges de regards mutuels entre la mère et son bébé : les yeux de la Madone se noient dans ceux de l'Enfant en un sourire imperceptible. Ces regards mutuels pourtant si habituels pour notre modernité sont rarement représentés par les artistes de la Renaissance. Leur rareté s'explique de plusieurs façons.

Le regard échangé peut être néfaste, il risque d'attirer le « mauvais œil ». Chez les primitifs, on évite clairement cette mutualité par les yeux. Françoise Héritier-Auger (72) montre que dans les sociétés traditionnelles d'Afrique, de même que dans celles des indiens d'Amérique, le nourrisson n'est soumis à aucune stimulation en face à face. Ces mêmes stimulations qui, dans notre approche moderne du bébé, recherchent, suscitent et déclenchent ses mimiques, ses premiers rires. Chez le bébé africain, le rire viendra plus tard, vers deux ou trois ans, lors de la fréquentation de ceux de sa classe d'âge. Le regard adulte, pour le primitif, risquerait d'attirer sur l'enfant le mauvais sort, les mauvais esprits.

Le regard mutuel est donc éminemment moderne. Est-il le fait de notre société rationnelle qui ne croit plus aux esprits et qui ne craint pas le risque de la séduction de l'enfant par l'adulte ?

Pourtant, bien des jeunes mères témoignent de la gêne que leur inspirent les grands yeux de l'enfant, la buvant des yeux pendant qu'elles l'allaitent. Ce regard échangé est extrêmement intime, érotique même. C'est un regard qui semble préluder au corps à corps, celui de l'allaitement, mais aussi celui de l'amour, celui du combat à mort. D'un regard intense Œdipe affronte le Sphinx dans le célèbre tableau de Gustave Moreau. C'est aussi le regard d'hypnose réciproque que les félins soutiennent longtemps avant de combattre.

Le regard mutuel, néfaste ou trop érotique, est peu présent dans la peinture renaissante. L'esprit de l'époque est encore proche de la pensée primitive et des idées magiques sur le mauvais œil.

Dans d'autres œuvres, certaines madones renaissantes sont des représentations modestes, madones de l'humilité, aux yeux mi-clos, aux globes oculaires dirigés vers le bas.

Un regard oblique dirigé vers l'intérieur de soi

Le regard maternel par excellence, celui qui est le plus fréquemment prêté aux Madones à l'époque de la Renaissance, est un regard oblique. Les yeux sont tournés à la fois vers le bas et en dehors, dans un mouvement qui dirige l'axe du regard vers le cœur. On observe ce regard sur les visages des Madones de Hans Memling (Fig. 2), de Jean Fouquet (Fig. 1), de Piero della Francesca, d'Antonio Vivarini, de Dierick Bouts et de bien d'autres.

LE REGARD PATHÉTIQUE

Une célèbre Madone de Giovanni Bellini, que l'on peut admirer à Venise (Fig. 3), porte même un regard oblique qui a les caractères d'un véritable regard « pathétique ». Pathétique est pris dans son sens neurologique. Ici, une digression anatomique est nécessaire : il s'agit d'un mouvement du regard actionné par la synergie des muscles moteurs oculaires externes et grands obliques des globes oculaires, ces derniers muscles étant sous le contrôle du nerf pathétique. Ce nerf pathétique est la quatrième paire des nerfs crâniens qui sont en tout au nombre de douze. Cette innervation *pathétique* est la seule fonction de cette paire crânienne, alors que tous les autres nerfs crâniens ont des rôles multiples, moteurs et sensitifs. Par quel hasard, par quel dessein obscur, l'évolution attribue-t-elle une fonction si limitée (et si intense) à une paire entière de nerfs crâniens, dédiée uniquement au « pathétisme » et donc à l'expression de la passion intérieure ?

Il est un fait encore plus curieux : ces regards obliques, pathétiques ou non, ne sont pas dirigés vers l'enfant. Ils sont orientés vers l'intérieur de soi, vers l'intérieur de la future ou nouvelle mère. On le voit très clairement, si on en trace l'axe. Le regard plonge dans la direction du cœur.

Le regard pathétique est celui de la passion intérieure et silencieuse, il témoigne du fond de l'âme. Il pourrait bien être la traduction, à la fois *plastique et métaphorique,* de la crise émotionnelle et maturative que la femme traverse pendant cette période de la vie favorisée par la transparence particulière de son psychisme à cette époque.

Il peut paraître étonnant qu'une évidence aussi visible que l'obliquité habituelle du regard des Madones n'ait pas été commentée plus tôt. D'un trait de plume ou de pinceau, les peintres l'avaient saisie. Les artistes ont peut-être, comme les enfants, la capacité d'attraper d'un trait de crayon une vérité intérieure, la leur ou celle de leur modèle. Cette vérité touche de façon ineffable, elle laisse sans autres mots que ceux de l'émotion et du commentaire esthétique. Saisie par l'artiste mais non interprétée, cette vérité est vidée de sens transmissible, elle est pure émotion esthétique.

Le créateur – poète, artiste plasticien ou fondateur de mythes – a le pouvoir secret de traduire l'inconscient à livre ouvert, d'ailleurs sans nécessairement rien y comprendre lui-même, si toutefois comprendre signifie théoriser avec les mots de la rationalité.

Silencieuse éloquence du regard de la Madone

La gestation d'un enfant et la transparence du psychisme qui l'accompagne avivent, pour la jeune femme enceinte, la mémoire de l'origine. Elles lui rendent une actualité périmée depuis longtemps. Lorsque la future mère actuellement enceinte était elle-même un nourrisson fragile, elle a connu les alternances de présences et d'absences de celle qui la soignait. Grâce à ce rythme maternel, le nourrisson qu'elle était s'est progressivement senti exister de façon continue ; il a fait l'expérience de sa continuité d'être au monde grâce à l'adéquation de soins maternels, sans lesquels il serait retombé dans un chaos d'origine. La cohérence des soins maternels est ce qui donne au monde environnant du petit enfant un début de signification (131).

Le bébé a ainsi pu constituer un bon objet interne, formule métaphorique qui désigne ce sentiment de la continuité d'une présence maternelle tendre et secourable, d'une confiance en cet environnement rassurant. Ce bon objet interne que le bébé gardera de façon continue dans son cœur est l'image de sa mère scandée par des absences régulières et prévisibles.

Du fait de la transparence du psychisme pendant la grossesse, cette période de la vie est certainement le seul moment où l'objet interne, que chacun d'entre nous porte en soi, a une figuration ; mieux, il a un volume, celui du ventre qui s'arrondit, du fœtus qui pousse inexorablement de l'intérieur. Il constitue une réalité tangible. D'ailleurs, la perception des premiers mouvements fœtaux actifs par la jeune femme enceinte donne bien à penser qu'un objet est là ; il veille ou sommeille, mais il ne se laisse pas oublier.

Cet objet interne n'est pas toujours aussi bon, et certains nourrissons sont confrontés au chaos. Les soins prodigués par leur mère peuvent être insuffisants, irréguliers ou, pire, discordants. Des soins maternels intrusifs risquent d'empiéter sur l'être psychique en constitution (130). Dans ces cas, l'objet interne que l'enfant va constituer sera peu fiable et même menaçant. Devenu femme enceinte, le bébé d'autrefois fera de nouveau l'expérience conflictuelle de cette contiguïté avec l'image intérieure. L'enfant à venir, représentant de l'objet interne, risquera alors d'être attendu avec effroi.

Une jeune femme a eu ainsi une petite enfance chaotique et ne s'est pas réconciliée avec l'image de sa mère du passé. Devenue enceinte, elle perçoit des frémissements venant de l'intérieur d'elle-même et rêve : « Sa mère a été découpée en morceaux, mais le corps mutilé est en fait celui d'un bébé. » Sans retouche, le rêve produit la métaphore terrifiante de l'objet intérieur menaçant morcelé et morcelant.

Une autre femme enceinte rêve qu'elle porte en elle une petite fille blonde qui pleure et appelle au secours : mémoire exacte du bébé en détresse qu'elle a été.

L'état passionné de mère

Nous pensons que cet objet intérieur, invisible et mystérieux vers lequel s'oriente le regard de la Madone est précisément la *représentation de l'objet interne,* avivé par la gestation. De même est avivée la mémoire de l'époque où la femme enceinte était encore elle-même un bébé dépendant des soins maternels.

Bébé d'autrefois portant un enfant à naître et se souvenant dans son corps de ses émotions anciennes, ainsi se dessine la réalité intérieure de toute femme enceinte. Son regard saisi par les peintres de la Renaissance témoigne de cette passion qui l'absorbe.

D'un regard pathétique, regard oblique dirigé vers l'intérieur d'elle-même, la Madone contemple le nouveau-né sans défense et confiant qu'elle fut autrefois. Tenant sur ses genoux l'enfant réel, elle reste captivée par celui dont elle a attendu la renaissance.

Chapitre 6

TU ENFANTERAS DANS LA DOULEUR

Les événements de la naissance font régulièrement l'objet d'une intense idéalisation et d'une spiritualisation. Par le sourd travail d'idéalisation, nous embellissons les faits, nous tentons de les décrire tels que nous les aurions rêvés. Reçus du monde extérieur, nous les pénétrons de notre propre sensibilité avec l'illusion de l'objectivité. Le moment de création que représente la naissance d'une vie humaine est particulièrement l'objet de ce mouvement d'ennoblissement.

En outre, la grâce de la créativité est souvent vivement enviée par ceux qu'elle ne touche pas, qu'il s'agisse de créativité artistique, scientifique ou simplement humaine. D'ailleurs, pour la pensée psychanalytique, l'idéalisation est une formation psychique qui se construit en réaction à un sentiment d'envie.

L'envie de donner naissance, le désir d'en être capable à l'instar des dieux, est également partagée par les deux sexes. Donner naissance à un être vivant serait l'activité humaine par excellence et de toutes la plus désirable – à ce titre, elle se doit d'être représentée comme un parcours sans faute, comme une somme d'instants idéalisés. L'enfant à peine né, les souffrances qui peuvent l'avoir précédé sont oubliées et magnifiées. Les joies de la naissance sont surtout rétrospectives ! On la qualifie d'« heureux événement » et ses douleurs de « mal joli » !

« *Nascimur inter feces et urinas* »

La spiritualisation – forme sociale de l'idéalisation – confère aux événements de la grossesse et de l'accouchement une flamme intérieure, une élévation morale partagées par tous. Sans elles, leur caractère concret ou matériel nous rattacherait au seul règne animal.

Concernant la naissance humaine, on en est longtemps resté là. On pourrait continuer de l'idéaliser, de la spiritualiser et de mettre en doute « le patient travail, dénué de préjugé, employé à étudier chaque cas individuel dans sa singularité ». Alors autant, comme le proposait ironiquement Sigmund Freud lui-même, « ne pas regarder dans le microscope, de façon à ne pas voir ce qu'il y aurait à constater (60) ».

Ainsi, après l'accouchement, le fait que le nouveau-né soit passé par les voies génitales est immédiatement oublié. Ce passage de l'enfant par les voies de la jouissance sexuelle et conjugale est un fait obstinément évacué de la réflexion dès après la naissance. Pourtant, la formule des Pères de l'Église : *nascimur inter feces et urinas*, est bien explicite.

UNE PERCEPTION VOLUPTUEUSE

Le développement de l'enfant attendu et le processus de la naissance prennent place en ces lieux du corps de la femme intensément marqués par l'expérience sexuelle infantile. La vulve et le vagin sont les lieux des premières expériences voluptueuses de la petite enfance. La mémoire des fantaisies qui les ont accompagnées s'y est inscrite. Ce

Le regard maternel plonge dans la direction du cœur.
(*Jean Fouquet :* Maternité entourée d'anges, *Anvers, musée royal des Beaux-Arts*)

D'un regard pathétique – regard de la passion intérieure – la mère contemple l'enfant qu'elle fut autrefois.
(*Giovanni Bellini :* Madone des arbrisseaux, *Venise, Accademia*)

Le regard oblique de la Madone n'est pas dirigé vers l'enfant mais vers l'intérieur d'elle-même.
(*Hans Memling :* La Vierge à l'enfant, *Londres, National Gallery*)

Traditionnellement l'accouchement prend place en un lieu distinct et distant de la vie quotidienne.
(*Abri réservé pour l'accouchement chez les Indiens Comanches*)

La chaise d'accouchement est une effigie en bois du corps maternel secourable qui assiste la femme en couches.
(*Chaise obstétricale, 1837, musée alsacien de Strasbourg*)

La maternité n'est réelle qu'à partir de la rencontre entre deux femmes.
(*Taddeo Gaddi :* La Visitation, *Florence, Galleria dell'Accademia*)

L'accouchement primitif prend place dans les bras d'une femme.
(*Anse d'amphore précolombienne*)

L'espace où se communique le secret de l'incarnation de l'enfant
est occupé par une figure chiffrée, ici une colonne.
(*Pietro Lorenzetti :* Annonciation, *Arezzo, église Pieve di Santa Maria*)

Un drap est tendu entre le col de l'accoucheur et la taille de la femme. La naissance se fait à l'abri du regard masculin.
(*Gravure de 1681 représentant la position obstétricale idéale*)

À la naissance par césarienne, les hommes sont présents.
(Naissance de César, *manuscrit, Paris, Bibliothèque nationale*)

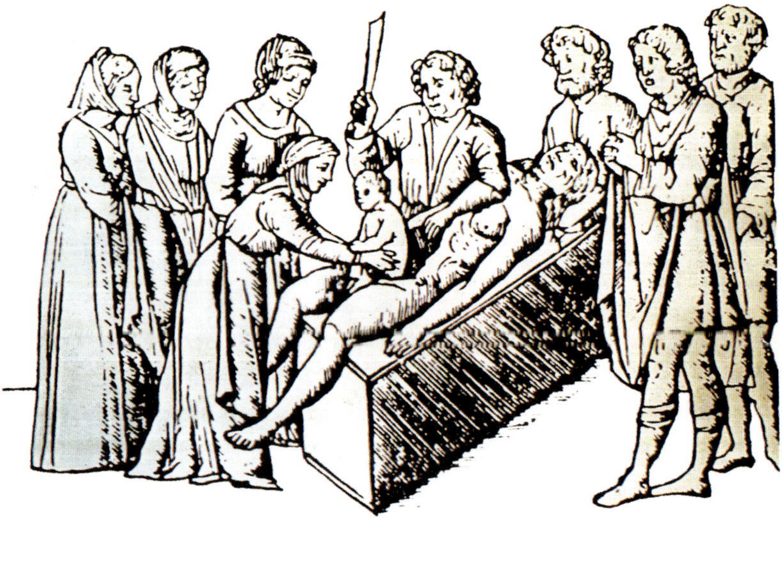

La douleur d'Ève à la perte du Paradis.

(*Masaccio :* Adam et Ève chassés du Paradis terrestre, *1427, Florence, chapelle Brancacci, église del Carmine*)

La foule masculine curieuse se presse aux fenêtres.
Un homme a réussi à se cacher sous le lit pour assister à la naissance.

(*Marc Chagall :* La Naissance, *1910, Zurich, Kunsthaus*)

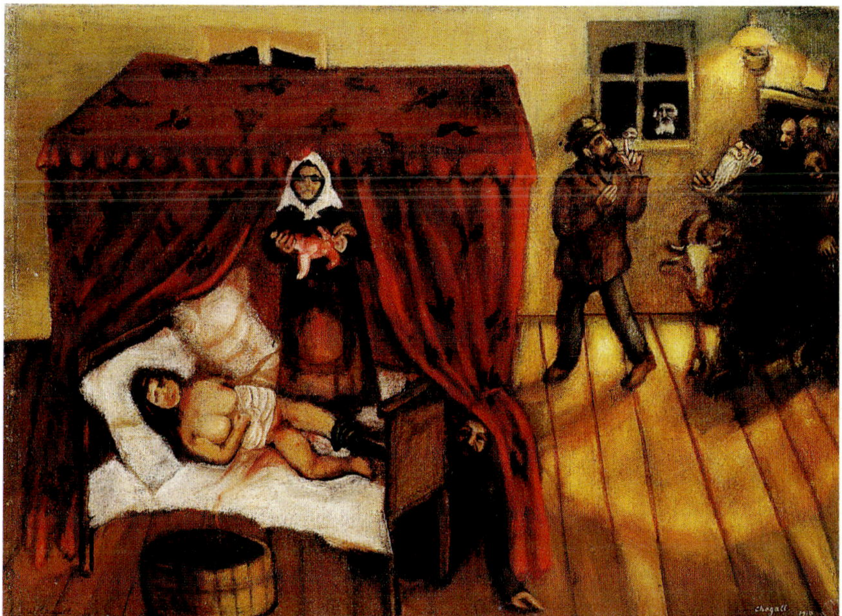

Le Christ paraît porter sa mère comme un fardeau.
(*Michel-Ange :* Pietà Rondanini, *Milan, Castello Sforzesco*)

sont les zones des sensations autoérotiques de la période prégénitale de toute petite fille.

Pour une femme, le premier accouchement est le terme ultime d'une évolution psychique et sexuelle commencée dans l'enfance. Elle a débuté par la découverte solitaire de ses organes génitaux et de ses premières sensations voluptueuses, bien loin des caresses corporelles de la tendresse maternelle. Plus tard, ces mêmes perceptions ont accompagné les premières émotions œdipiennes, la séduction irrésistible d'un père ou d'un aîné et les interdits à ce sujet, à peine formulés mais intensément ressentis.

Le travail de recherche auprès des femmes enceintes montre que toutes ces représentations du passé, à la fois tendres et érotisées, vont cristalliser à l'occasion de cet événement banal et si mystérieux : la présence d'un enfant à l'intérieur de soi (14, 18).

Beaucoup de femmes enceintes témoignent de sensations sexuelles fugaces de plaisir, au contact interne du fœtus mobile. Vers le quatrième mois, lorsque la future mère perçoit les mouvements actifs, il devient pure sensation intérieure : frémissement, frôlement, attouchement, il fait du pied comme un candidat amoureux (et n'y aurait-il pas une connexion avec cette expression populaire ?). Ces perceptions voluptueuses sont d'autant plus précocement reconnues qu'elles sont attendues. On dit en effet que le deuxième enfant bouge plus tôt que le premier.

Certaines femmes enceintes font part d'une séquence stéréotypée : perception des mouvements fœtaux actifs, sommeil, rêve d'orgasme et réveil brutal sous l'effet de contractions utérines – tentative d'expulsion de cet objet mobile et trop érogène. D'autres demandent avec insistance à l'accoucheur si la poursuite des relations conjugales est bien raisonnable – et reçoivent une réponse médicale qui ne les satisfait jamais ! En fin de grossesse, cette jouissance non dicible peut être la source d'une indicible angoisse dont témoignent les seuls symptômes racontables : l'insomnie et la peur d'accoucher.

Perçu de l'intérieur, l'enfant est un objet mobile qui pousse l'excitation à son acmé et tétanise les représentations intérieures préexistantes ; la bascule peut alors se faire vers l'irruption de sensations orgasmiques.

Ainsi, une jeune femme avait déjà accouché prématurément par trois fois et insistait, auprès du praticien consulté, pour se faire interdire les relations sexuelles pendant sa gestation. Lors de sa quatrième grossesse, elle raconta enfin que le travail utérin trop précoce des accouchements précédents avait été déclenché chaque fois par un orgasme grandement amplifié par des sensations fœtales internes.

LA PEUR PANIQUE D'ACCOUCHER

La peur d'accoucher est une peur ancestrale. Elle renvoie aux générations passées, à celles qui risquaient leur vie pour donner naissance. Aujourd'hui, les progrès médicaux rassurent l'opinion, mais une peur mythique demeure, une angoisse tenaille encore ces femmes qui savent pourtant bien qu'en Occident on ne doit plus mourir en accouchant. Cette crainte peut même prendre la tonalité d'une panique et conduire à des demandes excessives d'anesthésie générale ou de césarienne.

Dans le meilleur des contextes, tout accouchement comporte une part de violence. Toute femme est ébranlée par l'effraction et la dilatation créées par le chemin que doit parcourir l'enfant qui naît. Cette commotion physique à elle seule est souvent prise pour le traumatisme essentiel, surtout s'il y a une manœuvre instrumentale. Pourtant, cet ébranlement n'est que la partie somatique du phénomène.

Ainsi, l'accouchement des autres mammifères, dont le travail utérin est analogue et qui cependant, on peut le supposer, ignorent l'angoisse, cet accouchement est marqué par les signes d'un effort pénible et d'une douleur supportable. La mise bas se fait le plus souvent dans la solitude et le retrait du groupe, alors que la coutume veut qu'aucune femme sensée n'accouche seule.

La peur raisonnable de l'ébranlement physique de l'accouchement humain se colore ainsi d'une angoisse déraisonnable (36). Cette teinte nouvelle correspond à l'afflux à la conscience d'interdits sexuels de la période œdipienne associés à la peur.

Une jeune femme comparait la douleur de son premier accouchement à une charge d'éléphants sauvages sur son ventre et réclamait d'avance une césarienne pour la deuxième naissance. La charge des éléphants illustrait un livre d'images offert jadis par un jeune oncle auquel la liait un secret amour d'enfance.

Une autre, enceinte pour la première fois, s'était rendue à la visite habituelle de la salle de naissance, visite généralement rassurante ; mais pour elle, le lit de travail s'associait aux images du film *Portier de nuit,* célèbre pour ses représentations sadomasochistes !

Ainsi, la chaîne inconsciente des associations d'idées prend parfois de longs détours pour exprimer un amour défendu ou une jouissance cachée et le risque de leur actualisation au moment d'une naissance.

DOULEUR OBSTÉTRICALE ET IMAGES INCONSCIENTES

Chez la femme en train d'accoucher, l'angoisse l'emporte sur la douleur elle-même. L'angoisse est provoquée par l'afflux à la conscience de représentations habituellement maintenues inconscientes. Au moment des douleurs expulsives les plus vives, ces images peuvent être si invasives que la patiente en perd quelques instants la tête. En témoignent les injures et parfois les obscénités qui fusent, les mouvements inconsidérés comme celui de descendre de la table et de fuir. La coutume d'encadrer solidement l'accouchée de bras secourables, ou d'exercer une contention rassurante, y trouve sa justification. La crise émotionnelle est souvent intense et peut s'exprimer par des larmes ou par des récriminations. Les reproches s'adressent habituellement au médecin ou au compagnon dont on pleure l'absence et à la sage-femme vécue comme malveillante ou insuffisamment chaleureuse. La crise émotionnelle que traverse la jeune femme à l'accouchement fait ainsi surgir de sa mémoire un couple d'adultes indifférent à son épreuve.

Le calme et la sérénité pendant l'expulsion traduiraient la solidité de la résistance à ces mouvements psychiques souterrains. À l'extrême opposé, une femme profondément aliénée et placée en institution psychiatrique depuis des années accouchait en quelques contractions expulsives presque indolores d'un corps de bébé, vivant mais inanimé pour elle, comme une selle inerte. Un profond abîme s'était creusé depuis longtemps entre elle et toute représentation vivante. Des accoucheurs ont fait des observations analogues lors d'accouchements de jeunes filles violées par des soldats ennemis.

L'EXPULSION

L'expulsion est certainement le moment suprême. Au terme d'une douleur inconnue, une sensation sexuelle fugace survient au passage vaginal d'un corps lisse et humide. Et le moment du passage donne une réalité au nouveau-né dont, malgré le discours de la raison, sa mère doutait encore. En quelques instants s'opère une transmutation radicale et magique : un ventre habité d'un mystère, des impressions sexuelles intermittentes se transforment en corps et visage uniques, un enfant. À cet instant, beaucoup de femmes sentent qu'une partie de leur propre corps lève l'ancre comme un navire. Pour d'autres, au terme d'un parcours médical vécu comme une maladie, l'impression est celle d'une scissiparité, d'un événement extraordinaire, jamais encore vécu par aucune : un autre corps a surgi, parfois un autre sexe. Certaines ont une réaction de terreur ou de dégoût lorsqu'on leur pose sur le ventre le nouveau-né humide et chaud, glissant, enduit de sécrétions. Une terreur en éclair peut alors susciter l'évocation d'un animal répugnant, surtout s'il y a eu émission d'une selle à l'expulsion, ou l'évolution d'un sexe violeur. Mais la délivrance terminée, l'enfant séparé, civilisé, nettoyé et revêtu d'une identité, l'oubli va reprendre tous ses droits. La nouvelle mère va pouvoir adopter pleinement ce nouvel être. L'accouchement instaure ainsi un lien absolu et sans aucune médiation : le corps maternel se soude pour toujours au *souvenir* du nouveau-né.

Il est clair que les techniques d'anesthésie moderne et à plus forte raison la naissance par intervention césarienne tendent à atténuer toutes ces violentes manifestations émotionnelles, et à proposer en phase expulsive un accouchement dans la sérénité à la plupart des femmes. Le prix à payer est souvent celui d'une certaine impression d'absence, voire d'étrangeté. Sans douleur, l'accouchement risque d'être marqué d'une irréalité dont l'intuition serait à la racine de la résistance de nombreuses femmes à l'analgésie obstétricale.

Habituellement, sous l'effet de la commotion somatique du travail utérin, un peu de mystère aura filtré, vite oublié si tout se termine bien. Mais l'oubli est comme un manuscrit dont on a effacé la première écriture ; et comme l'écrit le poète, « qu'un accident survienne et tous les effacements revivent dans les interlignes de la mémoire étonnée * ».

LE NOUVEAU-NÉ EST UN ANGE

La dimension sexuelle de la naissance est donc activement oubliée : dans les bras de ses parents, l'enfant nou-

* Victor Hugo, *Les Travailleurs de la mer*, Paris, Gallimard, 1980.

veau-né est aussi neuf et propre que s'il avait été déposé par la cigogne ou trouvé dans un jardin de roses. C'est un ange qui a été donné ! L'intense sexualisation des moments précédents s'efface rapidement. L'amnésie de la naissance s'installe. L'action du refoulement permet à la jeune mère de regarder son nouveau-né d'un regard teinté d'angélisme. Les productions déraisonnables de son inconscient vont quitter la scène imaginaire pour s'installer sur celle, bien réelle, de la vie quotidienne avec le nouveau venu, étranger et si familier. Mais notre mémoire prend des notes sans que nous le sachions consciemment, et des strates oubliées peuvent revivre. Dans la relation de soins continus que la jeune mère va mettre en place avec l'enfant vont se jouer des scénarios qui seront dans la continuité des fantasmes ayant précédé la naissance.

Ainsi, le bébé de Karine est venu au monde avec un hématome frontal sans gravité. À partir de cette bosse bénigne s'installe pour la jeune femme la peur obsédante et paralysante de vouloir blesser son bébé. Un travail psychothérapique doit l'aider. Elle se souvient de son passé d'adolescente allumeuse et de sa fixation au second mari de sa mère, un homme dont elle craignait la violence. Elle pourra ensuite lentement différencier le bébé présent de l'amour secret d'autrefois et adopter progressivement cet enfant tout neuf.

Un accident minime (la bosse au front dans l'exemple précédent), en s'associant inconsciemment à une fixation amoureuse ancienne interdite, peut se voir conférer une teinte nouvelle colorant de façon imprévue la plus attendue des naissances. Des séries de faits psychiques complémentaires (58) se déroulent souvent à notre insu.

Si malheureusement l'accouchement tourne mal ou s'il est un peu physiquement blessant pour la mère ou pour l'enfant, les conditions sont alors réunies pour la constitution d'une névrose traumatique (19, 20). En effet, si l'accouchement le plus banal est déjà une épreuve somatique, la survenue de dégâts physiques va laisser béante la brèche psychique déjà entrouverte par la grossesse. Par cette brèche, des cauchemars filtreront, comme les fumées révélatrices d'un incendie sous-jacent.

H. a été élevée auprès d'un demi-frère quarteron d'Antillais. Elle l'a aimé tendrement autrefois. Pendant son accouchement actuel, le cordon s'enroule autour du cou du bébé provoquant l'exclamation du médecin : « Vite, l'enfant est noir ! » (il indiquait l'urgence devant la cyanose). Plus tard, l'enfant va très bien mais H. cauchemarde. Répétitivement, un rêve d'angoisse la ramène à la scène traumatique initiale dont la tonalité affective est terrifiante : « L'enfant est noir », répète le rêve, trahissant les pensées incestueuses adressées autrefois au demi-frère de couleur foncée.

Le père de l'enfant

Il existe habituellement une forte résistance des pères à assister à la naissance de leur enfant. Peu présent à la grossesse malgré les incitations modernes, comme la pratique de l'haptonomie, et souvent absent de la naissance, le père plus encore que sa compagne devra adopter pleinement son propre enfant – et, tel le *semeur distrait* des contes africains, reconnaître son acte sexuel ancien.

ÊTRE PÈRE, RESTER FILS

Le désir d'enfant de l'homme passe souvent pour être celui de sa compagne, auquel il ne ferait que se prêter. La paternité serait plus souvent surprise qu'ouvertement déclarée. Ne devenir père que malgré lui traduirait l'impossible désir d'enfant ou le désir de rester l'enfant merveilleux d'autrefois, de rester un fils perpétuel. La naissance d'un enfant réel serait alors un événement d'autant plus traumatique, anticipé comme « de lui ou de moi, l'un des deux doit disparaître ».

Un futur père faisait ainsi un rêve répétitif : « Je suis naufragé, et une grosse baleine carnivore risque de me dévorer. » Un autre, avant l'accouchement de sa compagne, était saisi de phobies d'impulsion. Il craignait de vouloir blesser l'enfant et demandait à ce qu'on l'en protège ; mais après la naissance, il s'étonnait de la fragilité du petit corps qu'il avait tant redouté. La représentation qui l'avait envahi auparavant était sans rapport avec le réel de l'enfant. Souvent surprise, la paternité ne s'assumera qu'après coup.

LE SEXE QUI ENFANTE

Pendant des siècles, l'accouchement a été une affaire de femmes entre elles, comme s'il existait une résistance ou un interdit masculin de voir le sexe féminin qui accouche. Interdit que seule la vocation médicale transgressait. Dans un passé proche, les femmes devaient lutter avec l'institution pour que leurs compagnons y soient présents.

Aujourd'hui, dans de nombreuses maternités, ils sont tolérés plutôt qu'accueillis, sauf si l'accoucheur est lui-même un militant de la paternité ! Il est vrai qu'en salle de naissance le père trouve difficilement une place juste (51). Certains s'identifient à l'accouchée, respirent et poussent avec elle. D'autres s'arment de gadgets. Le réglage d'une caméra ou d'un magnétophone dérive leur attention d'un spectacle difficilement soutenable dans l'inaction. D'autres, enfin, maternent leur compagne en se tenant à son côté, proches de son visage, dans un rôle quasi maternel, bien loin de la dilatation du sexe qui accouche.

Si le père participe à la grossesse et surtout s'il assiste physiquement à la naissance, il est exposé à être, comme sa compagne, assailli de vives représentations. Il sera ému à la mesure de son propre désir de maternité.

Le déroulement de la mise au monde d'un enfant est en effet très suggestif. Au cours de la phase expulsive de l'accouchement, la tête du nouveau-né à venir se porte en avant. Elle distend lentement le périnée maternel, sculptant pour quelques minutes un phallus érigé entre les jambes de l'accouchée. Le moment est particulièrement chargé d'intensité et d'émotion pour ceux qui regardent. Ce peut être le cas du père qu'aucune autre tâche concrète ne mobilise que celle de conforter sa compagne. Souvent, l'épisiotomie abrège cet instant et cette représentation. Elle remet les choses à leur place. La tête de l'enfant apparaît au plus vite, c'est bien un visage humain qui éclôt et non un sexe féminin doté d'un phallus qui se donne à voir ! Le tableau est encore plus saisissant lorsque l'enfant se présente en siège et que ses fesses et son corps font, pour quelques instants, une saillie de plus de vingt centimètres ! Les praticiens réalisent facilement une césarienne pour présentation en siège, et l'opération a le mérite d'éviter la confrontation prolongée à la représentation.

En salle de naissance, les autres assistants ne sont pas épargnés par les fantasmes sexuels que le spectacle de l'enfantement avive, mais le refoulement les protège d'autant plus qu'ils doivent exécuter des tâches pratiques. Leur vocation soignante les met à l'abri de leur inconscient. S'ils étaient parasités de représentations au même titre que la femme qui accouche et le père qui l'assiste, ils risqueraient d'être exposés involontairement à des gestes dangereux ! Au contraire, chacun dans ce milieu se souvient de l'intense émotion qui l'a étreint au spectacle, souvent anonyme, du premier accouchement auquel il a été tenu d'assister. Toutes les valeurs vitales se rassemblaient en quelques instants : le risque mortel, l'espoir de vie, la toute-puissance du sexe. Chacun peut aussi remarquer la gêne que les assistants éprouvent devant les plaintes des parturientes, comme si ces cris masquaient à peine des gémissements orgastiques.

LE MASCULIN MATERNEL

La présence du père à la naissance le confronte à la dimension féminine de sa paternité. Elle peut être refusée ou au contraire clairement revendiquée : versant féminin et homosexuel, désir d'enfant ou désir de fécondation imaginaire par son propre père. L'arrivée de l'enfant trahirait-il ce secret terré dans le corps de la femme que l'homme féconde ? Le refoulement de ce versant féminin de l'homme peut aller jusqu'à la paranoïa dans certains délires démarrant à l'occasion d'une naissance (22, 39, 55, 128) ou, moins bruyamment et plus banalement, jusqu'à la fuite pure et simple avant ou après l'accouchement.

À l'inverse, il y a les fantasmes de grossesse masculine de ceux qui réclament la part féminine de leur bisexualité. Il y a aussi les somatisations souvent digestives de l'homme au cours de la grossesse de sa compagne, comme ce patient qu'un ténia venait tourmenter lorsque sa femme était enceinte ! Il y a tous ceux qui souffrent d'épisodes gastro-intestinaux pendant cette période de leur vie de couple (31).

La traduction mythologique de ces représentations paternelles se trouve également dans le thème de l'homme enceint, et dans le rituel de la couvade (70, 127). La couvade est cette coutume selon laquelle, après l'accouchement de sa femme, l'homme s'alite avec l'enfant et reçoit les compliments des voisins. Du verbe couver, cette conduite bizarre mais très répandue dans les cultures les plus diverses a fait l'objet de descriptions et d'interprétations de la part des anthropologues et aussi des psychanalystes (118). On y voit un double rite d'adoption et de substitution symbolique. Rite d'adoption, par la couvade le père confirme sa légitimité, il contredit le doute éternel concernant la paternité. Rite de substitution, le père se substitue à la mère et à l'enfant, les protégeant contre les mauvais esprits. Il témoigne ainsi du refoulement de son hostilité inconsciente à l'égard de la dyade mère-bébé nouvellement formée.

Le récit de la création du monde

Le thème de la procréation est une source originelle et inépuisable de création littéraire, de création de mythes et de rituels. Dans le premier récit de la Genèse *, Dieu, après avoir créé les êtres vivants de toutes les espèces, crée l'humain à son image, homme et femme à la fois. « Dieu créa l'homme à son image ; mâle et femelle il le créa. » À ce premier être androgyne ** et à toutes les espèces animées s'adresse l'injonction : « Soyez féconds, multipliez-vous, remplissez la terre et soumettez-la (...). » La première reproduction humaine, sur injonction du créateur, est supposée se faire sur le modèle de la reproduction animale inférieure, simple division sans intervention de la sexualité, ni de la différence des genres.

Plus tard vient la création d'Ève, et on connaît la suite : « La femme vit (...) que l'arbre était bon (...) désirable pour acquérir l'entendement. Elle prit de son fruit et le mangea. Elle en donna à son mari qui en mangea. Alors leurs yeux à tous deux s'ouvrirent et ils connurent qu'ils étaient nus. »

Le premier couple connaît sa nudité et la différence des sexes. Cette connaissance lui donne accès aux passions par lesquelles l'humain perd le cachet de sa ressemblance au créateur. Humaine, la procréation se lie à la passion du sexe.

L'anathème biblique frappe alors l'homme chassé du jardin d'Éden : « À la sueur de ton visage, tu mangeras ton

* Genèse, I.

** Ce thème de l'androgynie du premier être humain se retrouve également chez Platon dans *Le Banquet*.

pain jusqu'à ce que tu retournes à la terre dont tu as été tiré. » Il frappe aussi la femme : « J'aggraverai tes peines et tes grossesses ; tu accoucheras dans la douleur. » L'anathème punit la faute qui est prise de conscience des sexes et de leur différence. La douleur est rédemptrice, dans la philosophie religieuse, du péché originel.

Ce que pressent la femme qui va donner naissance, dans l'angoisse sourde qui envahit la plus calme, n'est-ce pas l'émergence insolite de cet interdit ancestral interdit, de lier passion sexuelle et procréation ? Pourtant, avivées par la grossesse, des représentations sexuelles devenues préconscientes viennent indiquer que l'enfant est le *corps du délit*, la preuve par son existence qu'un lien sexué a bien eu lieu.

Les rituels de naissance

Ainsi, le récit poétique de la Genèse devient explicite car, si la clinique contient une part de vérité, le poète, « ce dormeur aux yeux de l'âme ouverts », l'aura déjà découverte, car il communique de façon immédiate avec l'étincelle de vérité que le scientifique essaie par un dur labeur d'arracher à la nature.

De la même façon, si l'hypothèse de représentations sexuelles de la naissance contient quelque vérité, des coutumes humaines les auront intégrées et réglées.

En se tournant vers d'autres domaines, ceux de l'anthropologie et de l'histoire, on peut trouver les traces de ces représentations psychiques dans les rites et les coutumes qui entourent la naissance. En effet, comme dans le premier récit de la Création, tout concourt dans les rituels à faire planer un doute entre naissance et sexualité (15). Les anthropologues ont justement insisté sur le fait que la naissance humaine n'était jamais un événement *naturel*, comme il est admis dans les espèces animales. Toutes les civilisations entourent la naissance de coutumes de caractère universel. Ces faits se confirment aussi lorsqu'on se penche sur l'histoire des usages obstétricaux.

LES LIEUX DE NAISSANCE

La maternité hospitalière est la formule moderne d'une coutume universelle : l'usage d'un lieu consacré à la naissance. La liste et la description de ces lieux ne peut être exhaustive. Les Hébreux anciens avaient pour coutume d'enfanter sur des pierres consacrées, dites briques d'accouchement. À Rome, dans les riches familles patriciennes, une pièce de la maison était réservée aux naissances, pièce dont le mari donnait la clé à la femme, lors des premières douleurs du travail. Chez les Arapesh océaniens (103), l'accouchement a lieu dans une case spéciale du village, différente et distincte des cases d'habitation. Le même dispositif se retrouve chez les Comanches (Fig. 4). Geza Roheim (119) signale que, dans la culture australienne, aux premières douleurs, la future mère s'isole au camp des femmes, accompagnée de deux cousines.

LE MOBILIER DE NAISSANCE

Le meuble d'accouchement a également une grande spécificité. À l'origine du meuble *ad hoc* dans de nombreuses cultures, il y a les genoux ouverts de la mère de l'accouchée ou d'une femme qui s'y substitue. Ainsi, dans la Bible *, Rachel, épouse stérile de Jacob, lui dit : « Voici ma servante Bilha; va vers elle et qu'elle enfante sur mes genoux : par elle, j'aurai moi aussi des enfants. »

Plus tard dans l'histoire vient l'usage de la chaise obstétricale (Fig. 5) qui va être utilisée en Occident dès le premier siècle de notre ère et semble dériver directement de cette

* Genèse, III.

tradition d'enfanter sur les genoux. L'un des premiers obstétriciens de notre ère, Soranos d'Éphèse (98-138 après J.-C.) recommande le fauteuil obstétrical après avoir blâmé l'accouchement d'une femme sur les genoux d'une autre. Cette chaise est haute et percée, elle est munie de bras. Elle est une véritable effigie en bois du corps maternel secourable. Elle sera utilisée dans de nombreux pays occidentaux jusqu'au XVIIe siècle. Les grands obstétriciens du XVIe siècle, Rhodion et Rueff en Allemagne, Ambroise Paré en France, la décrivent longuement et la recommandent. En Hollande, au XVIe siècle, elle s'ajoute au trousseau de mariage des jeunes bourgeoises. À Chypre, au début du XXe siècle, elle fait encore partie de l'arsenal des sages-femmes locales qui l'envoient à leurs clientes en début du travail, avant d'arriver elles-mêmes (37, 121, 133, 134).

En France, au début du XVIe siècle, le fauteuil obstétrical est remplacé par le lit de travail, lit de gésine ou lit de misère. Ce lit étroit, dur et assurant une position demi-assise, diffère peu de celui encore en usage dans les salles de travail des maternités modernes. En milieu rural, l'accouchement se fait plutôt sur la table de ferme, mais dans la noblesse, on dresse le lit de gésine dans la chambre, devant la cheminée et à distance du lit conjugal. Le garde-meuble royal conservait ainsi le lit de travail sur lequel avaient accouché Anne d'Autriche, Marie-Thérèse et la Dauphine.

Au XVIIe siècle débute l'obstétrique scientifique. Le meuble change, essentiellement pour des raisons de pratique et de sécurité obstétricales. Sa spécificité persiste et conserve la signification des bras secourables qu'il devait remplacer. Lorsque au cours de ce même siècle, Mauriceau, le grand accoucheur de l'époque, tente d'imposer l'accouchement dans le lit même de la parturiente, faisant valoir que cela lui évitera la fatigue du transport du lit de travail au lit de repos, il se heurte à de fortes résistances et doit renoncer à cette innovation.

ABSENCE TRADITIONNELLE DE L'HOMME-MÉDECIN

La présence du médecin obstétricien est un événement relativement récent. Elle date du début du XVIIe siècle et coïncide avec la conquête du champ de la naissance par la médecine. Jusque-là, dans tout l'Occident, l'accouchement est uniquement l'affaire des matrones. Si, dès Hippocrate, l'observation clinique s'intéresse à l'enfantement, c'est dans le projet d'enseigner des techniques et de conseiller les sages-femmes, et non de se substituer à elles. Soranos d'Éphèse, Guy de Chauliac et Ambroise Paré, pour citer les plus célèbres obstétriciens d'autrefois, ont été des enseignants, des référents auxquels on pouvait demander conseil, mais ils n'assistaient pas aux naissances.

L'histoire de cette innovation que représente l'introduction d'un homme auprès d'une accouchée est marquée d'anecdotes rapportées par les historiens de la médecine (34, 66, 121, 133, 134) et dont voici deux exemples : à Hambourg, la condamnation et l'exécution d'un chirurgien, le Dr Wertt, pour avoir, déguisé en matrone, assisté à un accouchement dystocique; à Paris, la mise à l'index de l'ouvrage d'Ambroise Paré par la Faculté de médecine : *De la génération de l'homme et de la manière d'extraire les enfants du ventre de leur mère.*

À la même époque, Mauriceau (102) écrivait : « Un chirurgien qui veut pratiquer les accouchements doit être malpropre ou à tout le moins fort négligé, se laissant venir une longue barbe sale, afin de ne donner aucune jalousie aux maris des femmes qui l'envoient quérir pour les secourir (...). » Et encore un siècle plus tard, Baudelocque, l'un des fondateurs de l'obstétrique moderne, dans *L'Art des accouchements*, notait : « On couvre la femme afin qu'elle ne soit point à découvert aux yeux des assistants et à ceux de l'accoucheur qui n'a pas besoin d'y voir et qui doit juger par le toucher. »

L'absence traditionnelle des hommes aux naissances traduirait l'émergence d'un interdit portant sur le regard masculin. Cette hypothèse prend également appui sur des faits anthropologiques. Geza Roheim (119) rapporte que, chez les primitifs des îles Normanby, les femmes accouchent au centre du village pour que tout le monde puisse y assister. Comme les hommes sont présents, les femmes gardent sur elles leur jupe d'herbe pendant qu'elles enfantent. Il y a compromis entre la double nécessité d'identification de tout le village à la femme en couches et de préservation de l'interdit du regard masculin.

PRÉSENCE D'ASSISTANTES FÉMININES

On ne peut pas dire que la présence de femmes au chevet des accouchées soit totalement universelle. Quelques observations anthropologiques signalent l'existence de peuples où la femme va seule accoucher dans le lieu consacré et en revient sans aide avec son nouveau-né. Néanmoins, la présence d'assistantes féminines aux naissances est très diffusée. Dans ce domaine, la coutume précède l'action rationnelle ; la femme qui assiste l'accouchée n'est pas, au départ, une femme qui sait (sage vient du latin *sapiens*), mais une femme unie par des liens affectifs ou familiaux : cousine croisée chez les Australiens (119), grand-mère maternelle chez les Maoris (36). L'art de la sage-femme va ainsi d'un usage primitif (52), en passant par une expérience transmise, à une pratique professionnelle.

À travers l'histoire, les sages-femmes sont d'abord des femmes capables d'offrir une bonne identification maternelle. La naissance se célèbre entre deux femmes : l'accouchée et celle qui l'assiste, cette dernière incarnant alors une image maternelle, réelle ou substitutive : Marie dans les bras consolants de sainte Anne.

De nombreux textes témoignent de la féminisation de cette pratique. L'un des plus anciens est de Platon *, le dialogue avec Théétète, où Socrate précise que l'art de la sage-femme doit être exercé par des femmes âgées, ayant déjà eu des enfants et maintenant incapables d'en concevoir. Du reste, le mot grec *maia* signifie à la fois sage-femme et grand-mère. En France, lorsque la profession s'institutionnalise, les candidates sont tenues de faire paraître une existence vertueuse, et l'un des premiers articles de leurs statuts les encourage à dénoncer les irrégulières.

Pourtant, ces précautions dissimulent mal que, derrière la volonté de recruter des femmes vertueuses et secourables, se profile une autre représentation : celle de la sorcière, de la faiseuse d'anges, voire de l'empoisonneuse ou de l'infanticide. En Angleterre et en France, aux mêmes siècles, les procès sont nombreux de sages-femmes convaincues de sorcellerie, d'usage et de commerce des membranes et autres restes obstétricaux pour la fabrication de philtres d'amour ou de succession. Ces faits sont parallèles à la grande diffusion de l'infanticide à cette époque, les sages-femmes sorcières n'étant que les exécutantes, voire les boucs émissaires de ces pratiques.

C'est au XVIIe siècle que la collusion entre la sage-femme et la sorcière atteint une véritable acmé, alors même que la rationalité médicale s'impose, et que la profession de sage-femme s'organise (leur agrégation à la communauté chirurgicale date de 1699). C'est l'époque de procès célèbres où des sages-femmes sont accusées et exécutées pour empoisonnements ou infanticides. On peut citer l'affaire des poisons, où la Voisin, célèbre sage-femme de l'époque, est condamnée pour empoisonnement et sorcellerie, et le procès en responsabilité de la mort par avortement de Mlle Du Parc, maîtresse de Racine.

* Platon, *Théétète*, Paris, G.F. Flammarion, 1992.

LA NAISSANCE DÉSEXUALISÉE

Ces faits d'histoire (66, 80, 133, 134) sont importants à considérer car ils rencontrent l'expérience clinique. La sage-femme paraît être traditionnellement porteuse de deux représentations, psychique et sociale, contradictoires ; la praticienne incarne l'imago de la mère secourable et vertueuse, d'une part, mais elle risque aussi d'être prise pour la sorcière infanticide. Ces deux images ne demandent qu'à se cliver dans le vécu de la femme qui accouche et sous l'effet de l'afflux représentationnel activé par la commotion somatique de la naissance, comme nous l'apprend la clinique.

Ces représentations mentales sont probablement universelles. Elles sont avivées par l'épreuve somatique du travail utérin mais elles restent inconscientes dans la plupart des cas. Lorsqu'elles font irruption au conscient, l'accouchement risque de basculer dans la pathologie et de devenir traumatique au plan psychique. Quant aux rituels que les humains dressent autour de l'enfantement : lieux consacrés à la naissance, meubles dédiés à cet usage et assistance traditionnelle, leur fonction est de défendre le psychisme contre le dangereux afflux des représentations sexualisées.

Ainsi, en examinant la spécificité des lieux et du mobilier de naissance, on peut avancer que les coutumes signifient l'inadéquation d'enfanter dans le lit et sur le lieu de la sexualité et de la conception. Cette mise à distance par un mobilier spécifique désexualise la naissance : aucun lien ne devrait être fait entre elle et le rapport sexuel.

D'une autre pratique, celle de l'accouchement sur les genoux maternels, ou sur la chaise obstétricale, puis sur le lit qui en dérive, on peut rapprocher cette observation de notre époque de dispersion de la famille : en fin de grossesse, les femmes voyagent parfois très loin pour accoucher à proximité de leur mère, voire au domicile même de celle-ci, quasiment sur ses genoux, au sens maintenant figuré.

Les rituels et les traditions tendent à désexualiser la naissance, à en nier le caractère sexuel : l'enfantement doit être sans rapport avec la vie quotidienne. De la même façon, dans le travail clinique avec les accouchées, il est habituel de noter que le passage de l'enfant par le vagin et la vulve est rapidement évacué du souvenir de la femme. Il y a séparation radicale des voies de la naissance de celles de la jouissance sexuelle.

La coutume se met donc au service du refoulement psychique. La représentation sexuelle de l'accouchement reste et doit rester inconsciente, et les rituels habituellement associés à la naissance assurent cette fonction défensive.

Chapitre 7

DES SOINS POUR LA JEUNE MÈRE

Jusqu'ici, la période d'attente de l'enfant n'était pas l'occasion d'une investigation des plans inconscients. La vie psychique de la femme pendant sa grossesse n'était pas au centre des préoccupations des praticiens de la psychanalyse : la période est brève bien que renouvelable (et les femmes d'aujourd'hui ont rarement plus de deux gestations !) ; et lorsque celle-ci survient pendant une cure classique, un grand silence s'installe souvent.

La principale raison de l'absence de curiosité psychanalytique pour la femme enceinte est la puissance de la *réalité extérieure* au cours de cette période de la vie : importance concrète de la grossesse, risque vital toujours redouté (et le poids de sa prévention installée au cœur de l'activité médicale), l'accouchement – événement bouleversant par lui-même – et surtout cet enfant qui exige de naître.

Aborder de façon psychanalytique ces intenses moments de la vie supposait beaucoup d'innocence ou d'audace et aussi un puissant moteur de recherche pour en mener la quête pendant les années nécessaires à ce que s'impose l'évidence scientifique. Ce sujet de la naissance humaine, ancien comme l'humanité, est en effet porteur d'un mystère qui peut se formuler ainsi : existe-t-il une continuité entre le psychisme de la mère et celui de l'enfant auquel elle va donner naissance ? L'activité de sa vie intérieure est-elle influencée par son état de grossesse ? Va-t-elle transmettre à l'enfant une partie de ses contenus psychiques et selon quelles modalités ?

Si une transmission a bien lieu, elle se fait de façon concomitante à l'événement physiologique et à la transmission biologique. Pour faire quelque découverte, il fallait donc partir à l'écoute sur le terrain même de la maternité, et y développer une collaboration avec les gynécologues et les accoucheurs, interlocuteurs naturels modernes des femmes en période de reproduction.

La maternité, lieu initiatique

À l'occasion de la première naissance, l'espace de la maternité fait figure de lieu initiatique. Dans toutes les traditions, les femmes accouchent dans un lieu réservé : camp des femmes spécialement construit pour elles chez les Comanches (Fig. 4), chambre réservée de la maison patricienne romaine, lit de gésine dressé spécialement dans la chambre de la bourgeoise du XVIIIe siècle. La maternité est le lieu actuel de ce rite de passage, et l'accouchement à domicile moderne reste une pratique marginale.

Dans ce passage de quelques mois de consultations régulières et de quelques jours d'hospitalisation, une prise en charge psychique peut être proposée, parallèlement au confort de la sécurité à la naissance pour la mère et pour l'enfant.

Les domaines de la gynécologie et de l'obstétrique sont d'ailleurs très favorables à la prise en compte de la patiente dans sa globalité somato-psychique. Cette spécialité s'occupe en effet d'un grand nombre de sujets physiquement sains, en contraception, en conseil préconceptionnel et surtout en obstétrique, devenue une médecine essentiellement préventive. Les dispositions légales françaises assez exceptionnelles imposant les examens prénatals obligatoires et aussi l'intérêt récent de certains accoucheurs pour la dimension psychique en politique de prévention prénatale ont favorisé cette démarche.

OBSTÉTRIQUE ET PSYCHISME, UN RAPPORT NOUVEAU

Les accoucheurs se sont longtemps méfiés des psychiatres dont ils étaient les exécuteurs des basses œuvres lorsqu'il s'agissait d'interrompre une grossesse mettant gravement en danger l'équilibre mental d'une jeune femme. D'autres fois, le recours à la psychiatrie se faisait dans une ambiance dramatique lorsqu'il s'agissait d'hospitaliser en période postnatale une jeune femme perdant la raison au point de menacer son enfant d'abandon ou même d'infanticide.

Ces cas sont évidemment exceptionnels, ils concernent moins d'une femme pour cinq mille accouchées, mais ils frappent l'imagination de ceux qui les rencontrent. Nous avons connu en milieu psychiatrique une femme âgée, autrefois institutrice, et qui avait, à l'occasion de son accouchement, développé un désespoir aigu, une folie mélancolique, et tué son nouveau-né dans les jours suivant la naissance. Son geste que rien n'avait laissé prévoir était définitivement resté inexpliqué.

De tels exemples de pathologie mentale subite font réfléchir la psychiatrie depuis des siècles, mais seuls les concepts psychanalytiques ont permis d'avancer les premières hypothèses explicatives (116). Replacée dans le contexte du développement psychoaffectif féminin, la première grossesse est en effet un événement sans précédent pouvant déclencher des mouvements psychiques imprévus.

De nos jours, les gynécologues et accoucheurs sont progressivement passés du stade d'intervenants autour des accidents émaillant des phénomènes naturels, comme la grossesse et l'accouchement, au statut de détenteurs de technologie de pointe dans les procréations médicalement assistées et dans la prévention des accidents de naissance.

En outre, les développements modernes du diagnostic anténatal et du conseil génétique, les décisions qu'ils suscitent, ont créé pour les médecins des problèmes éthiques supplémentaires et des situations parfois difficiles à supporter. Ils font appel alors souvent à leurs collègues psychiatres. Nos premières coopérations réelles se sont ainsi établies avec des obstétriciens particulièrement alarmés par les problèmes émotionnels soulevés pour les soignants et pour les parents par la mort périnatale, en particulier la mort du nouveau-né en salle de naissance (18).

Enfin, il est courant de noter, chez ces spécialistes, une grande disponibilité à l'idée de recherche, comme si la confrontation permanente au mystère de la naissance et aux premiers instants de la vie était le moteur d'une curiosité inépuisable. La maternité reste ainsi un terrain neuf à force d'être située dans un temps vital suspendu, épargné par l'usure quotidienne qui gagne les autres pratiques médicales.

UNE PSYCHANALYSE SANS DIVAN *

La gageure a été d'introduire, sur le terrain même de la maternité, une façon de faire psychanalytique bien que différant notablement de la psychanalyse *stricto sensu*.

La collaboration avec les collègues accoucheurs ouvrait la porte à une difficulté méthodologique essentielle : susciter des demandes d'écoute et de dialogue auprès de femmes qui ne pensaient pas rencontrer cette possibilité sur le terrain de la maternité.

* Cette expression fait clairement référence à Paul Claude Racamier, pionnier dans l'application des concepts psychanalytiques au domaine des soins psychiatriques (115).

Il n'a pas été difficile de convaincre des accoucheurs motivés pour la prévention de l'intérêt de proposer aux consultantes un repérage de leurs difficultés psychologiques et de mettre en place des consultations conjointes avec le chercheur psychanalyste, dans le cadre habituel de la surveillance des grossesses. D'autant que ces consultations médicales systématiques prennent souvent l'allure fastidieuse de consultations de prévention, sans symptôme pour la plupart d'entre elles.

Dans notre nouvelle façon de travailler, les femmes enceintes *tout-venant* sont reçues non par un médecin seul, mais par deux interlocuteurs en blouse blanche. L'accoucheur introduit le chercheur comme son collaborateur, sans autre commentaire préalable. Cette situation de départ est acceptable dans l'exercice hospitalier où se fait notre recherche et où la présence d'un tiers (étudiant ou infirmier) est usuelle (33).

Cette mise en place présente l'avantage d'offrir à l'écoute psychanalytique neutre et peu intervenante la demande de patients qui n'auraient pas eu l'idée de consulter un spécialiste du psychisme.

Dans ce protocole, l'accoucheur conduit la consultation, et son collaborateur chercheur l'assiste en témoin disponible, prêt à rattraper la balle si le patient la lance, à se taire et à perdre son temps, à faire de la figuration, si rien ne vient. Tel un cheval de Troie, l'analyste va profiter ainsi de la confiance que les patients accordent au dispositif médical, bénéficier du transfert médical qui se développe habituellement hors de son champ, pour proposer un dialogue à des patients qui ne lui demandent rien *a priori*.

À L'ÉCOUTE DES FUTURES MÈRES

Collaborer ainsi revient aussi à substituer à une relation duelle, médecin-patiente, une relation à trois partenaires. Il peut alors se développer pour le patient un espace de création possible. La consultation en binôme combat ainsi certaines contre-attitudes médicales. Dans la relation duelle, les consultants qui déplaisent au médecin n'ont aucune chance d'être entendus. Au contraire, face à un binôme, leur parole, voire leur revendication insupportable pour le médecin, peut parfois rencontrer un écho positif chez son collaborateur. Encore faut-il que le médecin participant au binôme accepte d'être observé et mis en question dans son exercice, ce qui est contraire à la pratique médicale habituelle. Il est amené à renoncer à une partie de son pouvoir et de ses secrets puisqu'il va les partager.

La coéquipe avec l'analyste permet au médecin de tamponner l'angoisse suscitée par des découvertes qui dépassent le contexte médical habituel.

Par exemple, Nathalie a perdu un premier bébé à la naissance. Au fil de la grossesse suivante, elle répète inlassablement que notre soutien est inutile, que le deuxième enfant est condamné comme le premier. Son pessimisme trop insistant risque de lasser l'obstétricien, de provoquer son rejet et même de compromettre la qualité de ses soins. Les échanges que nous avons à chaque consultation élèvent la tolérance du praticien à l'égard de la dépression de cette femme, le sensibilisent à sa souffrance masquée par de l'agressivité. L'analyste fonctionne ici comme buvard de l'angoisse du médecin, et ce dernier se forme sur le terrain de la consultation à une intelligence de la psychopathologie quotidienne, nécessaire à tout médecin.

La présence patiente inlassable d'un collaborateur psychanalyste aux côtés de l'obstétricien, posant discrètement aux patients quelques questions personnelles, est vite perçue de façon favorable et fait régner un climat de confiance où des soucis, des anxiétés, des drames domestiques ou des cauchemars nocturnes qui n'auraient pas eu la place de se dire dans une consultation médicale ordinaire viennent à être formulés.

UNE SENSIBILITÉ EXACERBÉE

Au fil des années, nous avons été dépassés par notre succès et nous avons pu noter, parmi les centaines de femmes rencontrées, que la majorité d'entre elles prenaient un vif plaisir pendant leur grossesse, au long des consultations, à s'entretenir avec un interlocuteur neutre mais bienveillant, patient et inlassablement présent. Pour notre oreille formée à l'écoute psychanalytique, la riche palette d'une sémiologie quotidienne s'est dévoilée. L'attente de l'enfant n'est pas toujours l'époque de calme bonheur que l'on se représente à la mesure de l'idéalisation de ce moment de la vie. Au contraire, chaque femme enceinte est éminemment réactive aux événements extérieurs ou domestiques, vulnérable aux souvenirs du passé, comme aux rêves de la nuit. Sa sensibilité est habituellement à vif. Une psychopathologie *a minima* s'est révélée, faite d'anxiété ou même d'angoisses immotivées, d'irritabilité, d'insomnies. Cette pathologie réactionnelle s'oubliera après la naissance, mais elle est trop facilement mise sur le compte de la seule peur ancestrale de l'accouchement, bien présente dans toute les mémoires.

Cette rencontre avec le psychanalyste chercheur, en consultation médicale, peut être l'amorce de séries d'entretiens qui dureront aussi longtemps que la fréquentation de la maternité. Ces rencontres ponctuelles sont des consultations psychothérapiques spécifiques, et on peut les entreprendre chez bon nombre de femmes enceintes. Comme pour toute intervention de psychothérapie, les premières bénéficiaires sont les femmes ayant spontanément une certaine curiosité pour leur fonctionnement psychique, des femmes dont l'exacerbation émotionnelle est réactionnelle à la grossesse ; de ce fait, elle n'est ni trop grave ni trop ancienne au point d'opacifier leur fonctionnement mental.

La maternité intérieure

La psychothérapie en période maternelle a pour modèle de référence la cure psychanalytique classique. Dans cette situation standard, le praticien reçoit, à son cabinet professionnel et selon des horaires fixes, des personnes ayant formulé expressément une demande. Il peut s'agir de patients se plaignant de symptômes handicapants précis, ou d'autres, tenaillés par la perception vague d'une souffrance psychique intense. Mais la psychanalyse est aussi une recherche. Elle a été initiée comme telle par Freud, son fondateur, qui la définissait comme « un procédé pour l'investigation de processus mentaux à peu près inaccessibles autrement » et comme « la mise en place de conceptions psychologiques acquises par ce moyen et qui s'accroissent ensemble pour former une nouvelle discipline scientifique (59) ».

Dans ce processus de recherche, l'investigateur n'a ni idée préconçue ni théorie prête à l'emploi. Au contraire, il est en retrait de son patient auquel appartient toujours le dernier mot. Ce patient, au travers de rêves et d'associations d'idées, va faire surgir de l'oubli des éclairs de vérité. Le praticien l'accompagne et contient son récit sans le précéder, quitte à remettre en question des notions théoriques si l'éclairage clinique les contredit.

Dans cette situation habituelle, le praticien est l'instrument de la problématique du patient. Il lui permet à certains moments, et grâce aux interprétations qu'il peut lui donner, de desserrer des points conflictuels et douloureux générateurs de symptômes. L'analyste l'aide ainsi à déplacer son centre de gravité. L'encourageant à faire la navette entre le passé et le présent, il lui permet de découvrir l'influence méconnue ou sous-estimée d'événements passés sur son présent actuel.

Le mode de travail que nous avons développé avec les femmes enceintes est à la fois analogue et différent dans la mesure où il s'agit de faire des thérapies sans interprétation qui, dans ces situations ponctuelles, ne pourrait être que sauvage. C'est le développement psychanalytique d'une activité qui diffère aussi notablement de la psychanalyse par sa brièveté, la fréquentation de la maternité étant limitée à quelques mois.

Il s'agit d'écouter ces jeunes femmes et de réagir à leur propos en donnant toujours la priorité à leur *réalité psychique*, à leur vécu intérieur, par opposition à cette réalité extérieure si forte de l'état de grossesse en milieu médical. Il s'agit donc d'une pratique inventée, mais reliée organiquement à la théorie psychanalytique. Le psychanalyste britannique Donald Winnicott avait développé une méthode voisine (comprendre et contenir sans interpréter) en pratique pédiatrique précoce (129, 131, 132).

PROTÉGER L'ENFANT À VENIR

Il s'agit aussi de consultations thérapeutiques sous-tendues par le projet explicite de désamorcer chez la jeune femme, future mère, des contenus psychiques (souvenirs ou représentations inconscientes) qui pourraient être nuisibles à l'enfant à venir.

Les chercheurs en pédopsychiatrie (29, 30, 87, 125) montrent que la période périnatale est un moment privilégié pour l'étude des représentations inconscientes maternelles. Ces mêmes représentations vont rencontrer un peu plus tard l'aptitude innée du bébé à entrer en communication. L'enfant nouveau-né est ainsi exposé aux représentations de sa mère ; il est le lieu électif de leurs projections. Il devient alors tentant de penser la prévention en psychopathologie pédiatrique en amont même de la naissance. Les contenus psychiques inconscients maternels non « désamorcés » (comme on désamorcerait une bombe à retardement !) risqueraient de peser sur l'enfant qui va naître. On peut alors espérer de cette intervention précoce une fonction préventive pour l'enfant, à la fois par la pédagogie de l'environnement obstétrical et par le soutien psychothérapique de la future mère.

RÉPARER L'ENFANT QU'ELLE A ÉTÉ

Pendant la grossesse, une condition favorable est réalisée qui rend l'entreprise psychothérapique aisée. Assez naturellement, la femme se fie au système de soins préventifs médical et elle développe un état de confiance enfantine qui est favorable à sa prise en charge. D'autre part, elle traverse un état psychique particulier que nous avons progressivement découvert et qualifié de « transparent (16) ».

Cet état se traduit par une authenticité, un radicalisme du psychisme. Les femmes enceintes, comme les adolescents, lancent un appel à l'aide silencieux, elles sont à la recherche d'un référent. Des remémorations anciennes parfois angoissantes, des fantasmes habituellement bouclés dans l'oubli, viennent assez volontiers au préconscient et ne demandent qu'à être livrés dans le dialogue.

Une certaine inconscience des processus psychiques est chez la femme enceinte, comme chez tout le monde, la cause immédiate des processus morbides. Mais, du fait de la transparence du psychisme, des représentations émergent facilement au cours des entretiens et peuvent alors être partagées avec un interlocuteur disponible.

L'originalité de ces entretiens, outre leur capacité contenante et leur fiabilité, et par contraste avec l'environnement médical et familial, sera de privilégier toujours et sans exception la réalité intérieure de la jeune femme.

L'effet thérapeutique habituel est lié à la capacité contenante de l'interlocuteur (ayant en arrière-plan la maternité tout entière et sa force médicale). Il permet à la femme de s'écouter énoncer des souvenirs qui surgissent à sa grande surprise et des représentations dont elle n'avait pas idée avant d'avoir l'occasion de les formuler. C'est une façon de rendre à cette femme l'écho de sa voix personnelle, de donner la parole à son narcissisme à cette époque de la vie où tout l'environnement médical, familial et social considère que le seul objet intéressant est le bébé attendu. En évoquant avec elle le passé, il suffit souvent de réparer l'enfant qu'elle a été pour restaurer celui qu'elle porte.

Cadrés par le temps de la grossesse et sa relative brièveté, ces entretiens sont le lieu de développement d'un transfert très vif à l'égard du thérapeute. Cela correspond au besoin d'image positive maternelle qui habite chaque femme enceinte, et l'éthique impose de ne pas la décevoir. On peut aussi faire confiance à la grossesse et à l'approche de sa fin ; l'amnésie de l'après-naissance et l'exigence des soins au bébé vont se charger de mettre un terme naturel à la relation psychothérapique qui a pu s'établir.

Il est pourtant des cas rares où, au-delà de la prise en charge psychothérapique pendant la grossesse, un questionnement durable sur elle-même aura été amorcé, que la jeune femme souhaitera poursuivre après la naissance.

La période postnatale

Les jeunes parents et leur bébé, le trio nouvellement constitué, ont besoin de plusieurs mois pour trouver une vitesse de croisière harmonieuse. Cette période postnatale, pendant laquelle s'installe le mode relationnel spécifique avec le nouveau venu, est l'occasion d'une particulière vulnérabilité pour la jeune mère. L'idéalisation de la maternité est telle qu'elle occulte les difficultés psychologiques qui peuvent surgir. Ainsi existe une confusion, pour la plupart des femmes, entre les termes de « blues de la maternité », qui rassure, et celui de « dépression », qui inquiète.

Dès les années 1960, les psychiatres anglo-saxons avaient été les pionniers de la réflexion scientifique sur cette période sensible (113, 135).

LE « BLUES » DE L'ACCOUCHÉE

On connaissait depuis toujours ce moment émotionnel incompréhensible, ces larmes, cette tristesse subite et transitoire qui surviennent dans les jours mêmes ou devrait se célébrer un heureux événement. Les accoucheurs l'ont appelé *syndrome du troisième jour* ou *dépression transitoire*, mais le terme de « blues » est évocateur, qui renvoie aux mélodies nostalgiques des esclaves noirs de la Louisiane chantant le souvenir de la mère Afrique perdue. Ce *blues* est bien banal puisqu'il touche la moitié des accouchées et guérit spontanément en une dizaine de jours (69, 135). Les jeunes mères se plaignent d'une détresse inexpliquée, d'irritabilité, de fatigue et même de déception devant le nouveau-né. L'entourage souvent ne sait réagir à cette tristesse insolite que par la banalisation.

La cause du *blues* est complexe. Il cumule la fin du stress de la grossesse et de l'accouchement, avec des conditions hormonales nouvelles. Il a aussi été comparé au mouvement dépressif qui accompagne le lendemain d'une épreuve intense sportive ou intellectuelle (74). Mais le *blues* serait surtout la traduction émotionnelle d'une sorte de dénudation psychique permettant à la mère de se mettre en phase avec son nouveau-né. En cette période postnatale, « le cristal du Moi maternel » serait en partie désorganisé (83). Le *blues* serait alors l'exacerbation de cette « préparation de l'esprit maternel à saisir les indices en provenance de son enfant (129, 130) », et ce fait expliquerait son universalité.

Lorsque le *blues* est particulièrement sévère et durable, il est souvent le précurseur ou en continuité d'une authentique dépression postnatale (53). Il devient alors urgent de le considérer comme un événement pathologique et de demander de l'aide.

LA DÉPRESSION POSTNATALE

Minutieusement décrite par les psychiatres anglo-saxons (26, 27, 78, 79, 110, 113), la dépression postnatale est bien différente par sa durée. Elle peut parfois réaliser une vraie pathologie mentale. Elle ne doit pas laisser l'environnement de l'accouchée ni les professionnels sans réaction.

Pourtant, cette pathologie qui touche au moins dix pour cent des accouchées est très souvent massivement et curieusement méconnue. Sans doute est-il inconcevable d'être déprimée alors que l'image convenue et idéalisée de la jeune mère est celle d'une femme comblée ? Les femmes elles-mêmes n'osent pas se l'avouer, et prétextent la fatigue et les soins à donner aux bébé pour ne pas consulter un spécialiste.

En fait, surtout en cas de première maternité, l'événement est tellement insolite par lui-même que les jeunes mères ont du mal à décrypter le trouble psychologique qui les accable. La réticence de leur famille et même celle des accoucheurs, également acquis à l'idéalisation de la maternité, ne vont pas les aider. Ce sera souvent le généraliste ou le pédiatre consulté plus tard qui comprendra rétrospectivement le profond malaise que ces jeunes mères continuent d'éprouver.

Cette dépression est torpide, elle dure sans amélioration spontanée et, non soignée, elle transforme en épreuve douloureuse la première année de vie commune avec l'enfant. Elle risque même d'entraver le premier développement de celui-ci car le partage quotidien joyeux avec une jeune mère heureuse est un ciment vital acquis pour toujours (44, 45, 106).

LE NOUVEAU-NÉ NE SAURAIT ATTENDRE

On sait aujourd'hui qu'une naissance fait revivre à chaque parent les moments conflictuels de sa petite enfance, les difficultés qui ont été celles de son propre attachement (25, 30, 50, 98). La jeune mère est tout particulièrement engagée dans ces réactualisations, car elle est aussi touchée dans son corps par les remaniements hormonaux de l'après-naissance. Elle met ainsi un certain temps à se reconnaître ! Si, de plus, elle n'a pas la chance de bénéficier d'un environnement soutenant et chaleureux, son malaise risque de durer.

Diverses stratégies thérapeutiques (82, 109) ont été proposées face à cette dépression dont les effets négatifs ne manquent pas de se faire sentir dans les mois suivants. On insiste sur la difficulté d'accès à ces femmes qui prétextent les soins au bébé pour ne pas se plaindre pour elles-mêmes. Achevée la période de fréquentation de la maternité, le seul professionnel consulté risque d'être le pédiatre, d'autant que ce sont les symptômes du bébé qui vont traduire le malaise maternel. Petits troubles digestifs, difficultés d'endormissement, cris et pleurs excessifs et inexpliqués sont les signes précoces les plus courants. Les bonnes paroles ne suffisent plus face à cette pathologie débutante, et il faut instaurer un traitement relationnel.

La thérapie la plus satisfaisante associera une médication légère à quelques consultations auprès d'un psychothérapeute. Une solution plus simple est celle d'organiser des visites au domicile des jeunes parents par des professionnels disponibles et formés – psychologues ou puéricultrices (24). Dans ces différentes approches, l'alliance thérapeutique avec la jeune accouchée l'aidera en quelques mois à prendre confiance en sa capacité maternelle. Ce sont des interventions simples au cours desquelles la jeune mère pourra exprimer son ambivalence à l'égard de l'enfant, se détacher d'images maternelles internes trop rigides et idéalisées, développer auprès d'un interlocuteur disponible la narration qui a accompagné sa grossesse et ainsi mieux objectiver son bébé. Dans la période postnatale, comme pendant la gestation, de bons résultats thérapeutiques peuvent être obtenus avec des moyens relativement limités.

Reconnaître et traiter précocement ces jeunes mères déprimées est un argument supplémentaire pour tirer la pratique psychanalytique hors de ses murs habituels. Il faut intervenir au plus tôt auprès de ces femmes en difficulté car le bébé n'attend pas ! C'est dans l'essor de son plein développement que le petit enfant risque d'être touché.

Un travail de liaison

Consulter en binôme avec l'accoucheur, engager des consultations thérapeutiques avec des femmes enceintes et dépister les dépressions postnatales ne sont pas les seules activités psychothérapiques qui peuvent être entreprises à cette période. Un travail de liaison avec les autres intervenants de la maternité est aussi nécessaire.

Ce travail de liens a pour modèle théorique et pratique ce que l'on nomme maintenant la psychiatrie de liaison. Celle-ci, à l'interface de la psychiatrie et de la médecine, est née dans les services médicaux de plusieurs grands hôpitaux nord-américains (9, 93, 94, 95) d'un double mouvement. D'une part, les services de médecine reçoivent et doivent traiter, qu'ils le veuillent ou non, des patients somatiques souffrant aussi de troubles psychiques, d'autre part, les psychiatres trouvent dans cette « psychiatrie sans folie » un terrain d'investigation fascinant. Dans les services médicaux, les équipes soignantes expriment souvent la nécessité de comprendre les désordres affectifs quoditiens qui entravent le bon fonctionnement des soins physiques.

Le psychiatre de liaison travaille ainsi sur le territoire d'autrui. Il n'a pas de lits d'hospitalisation consacrés à son activité. Il est obligé à une pratique inventive, à un langage sans jargon, compréhensible par ses collègues médecins. Sa flexibilité thérapeutique doit être grande. Des services de psychiatrie de liaison existent en France dans un nombre encore limité d'hôpitaux (43).

Dans le cas précis de la maternité, il est question d'aider les cliniciens à établir, au sein du service d'obstétrique, des liaisons entre patientes et soignants, et entre les soignants eux-mêmes. Ces liens ne vont pas de soi dans l'ambiance médicale de l'urgence et de la technologie qui règne habituellement.

En hospitalisation psychiatrique où la part technologique est habituellement mince, le travail de liens fait partie de l'activité quotidienne du soignant. D'expérience, il sait que l'absence d'informations et que la distorsion de la communication intersubjective sont à l'origine de beaucoup de crises affectives et institutionnelles.

Par contre, habituellement, aucun temps n'est consacré dans les services médicaux à fort rendement pour discuter ces problèmes de communication. À la maternité, ces interventions vont concerner au premier chef les patientes hospitalisées pendant leur grossesse pour toute anomalie de celle-ci, ou bien à l'occasion de son interruption, qu'elle soit proposée médicalement ou décidée volontairement. Elles concernent aussi des femmes hospitalisées naturellement au moment de l'accouchement et de la période postnatale qui se déroule à l'hôpital. Dans ce travail de liaison, il faut également inclure la prise en charge spécifique de femmes émotionnellement très perturbées pour lesquelles se pose ou non la question d'une hospitalisation spécialisée ou d'un suivi, et des urgences psychosociales, par exemple la grossesse de très jeunes adolescentes ou de toxicomanes.

UN PARATONNERRE À L'ANGOISSE MÉDICALE

Ces interventions consistent en discussions avec les autres membres de l'équipe qui sont les interlocuteurs naturels des femmes en difficulté. La dynamique est de provoquer des paroles là ou souvent règnent un sentiment d'étrangeté, du rejet, voire de l'effroi.

Un tel travail de liaison exige des qualités psychologiques particulières du praticien. Il lui faut évidemment des connaissances théoriques en psychopathologie, mais aussi une aptitude particulière au travail en équipe. Cet exercice est souvent ingrat car il consomme beaucoup de temps avec les différents intervenants hospitaliers. Dans sa fonction de paratonnerre à l'angoisse des soignants, la présence du spécialiste en psychopathologie peut aider à élever leur seuil de tolérance. Ce travail exige enfin du praticien une capacité d'empathie spontanée pour l'état de grossesse.

Ce sentiment si naturel ne s'apprend ni ne s'enseigne et il n'a pas toujours sa place à la maternité. Bien au contraire, la femme enceinte, comme tout sujet créateur, risque de provoquer l'envie, et les praticiens ne sont pas à l'abri de ce sentiment insidieux. On pourrait même dire que leur refuge dans trop de neutralité, trop de silence et d'objectivité à l'égard de ces femmes est la manifestation claire de l'absence d'empathie de certains.

LA PSYCHANALYSE EXILÉE

Le psychiatre de liaison s'oblige à un effort continu de stabilisation des affects soulevés en lui par les confrontations directes auxquelles il est soumis sur le terrain obstétrical. Il est psychiatre-psychanalyste en exil. Il n'a plus le relatif confort de son cabinet où des récits parfois effrayants lui sont relatés, mais à distance. Il doit se confronter en direct, sur le fait, à la tragédie d'une mort périnatale, alors que l'on attendait un bébé vivant, ou bien à l'annonce d'un handicap et à la détresse aiguë qu'elle suscite. La stabilisation de ces affects n'est obtenue que par une pratique personnelle du transfert, telle qu'elle s'acquiert au cours d'un parcours psychanalytique individuel et d'une supervision auprès d'un collègue plus expérimenté, lui permettant, selon l'expression de Freud, de « tenir serrés les rênes du contre-transfert ». Sur ce terrain maternel, riche en rencontres émotionnellement fortes, un effort soutenu est nécessaire pour maîtriser les contre-attitudes à l'égard des patients et aussi des collègues. Bien qu'exilée de son contexte habituel, l'éthique psychanalytique dictera la discrétion et le refus de s'engager à un niveau privé ; l'objectif exclusif étant de privilégier le monde intérieur des patientes.

Chapitre 8

L'ENFANT PERDU

Longtemps, la naissance humaine a eu pour corollaires fatalité, violence et risque mortel. Il y a moins de cent ans, une femme sur six et bien davantage de nouveau-nés y laissaient leur vie. La frayeur des mères, transmise de génération en génération, leur ignorance totale sur elles-mêmes autant que les légendes des sages-femmes entretenaient une peur obsédante de l'accouchement. De ce passé récent que l'illusion sécuritaire tend à occulter, il reste un drame bien réel : la mort néonatale de certains enfants.

La fréquence de ces décès a verticalement chuté mais pas au point de complètement disparaître. En France, pays favorisé par la prévention médicale, elle atteint cinq à sept naissances pour mille, et ce taux est bien plus élevé dans certains pays d'Europe, pour ne pas parler de ceux du tiers monde. Autant dire que tous les accoucheurs la rencontrent de nombreuses fois dans leur carrière et que presque chaque famille la côtoie de près ou de loin.

Pour l'accoucheur, le drame de la mort néonatale met en échec sa vocation et lui fait courir le risque d'un procès. L'intuition d'un danger de mort omniprésent à la naissance est d'ailleurs à la base de la prévention moderne avec le cortège d'examens qu'elle impose. Diagnostic anténatal, échographie, monitoring de l'accouchement portent en eux-mêmes cette crainte ancienne et la volonté de la contrer.

Pourtant, dans le contexte médical moderne, la mort d'un nouveau-né est un scandale dont l'accoucheur, dépassé, se détourne souvent. En effet, il ne peut fournir aux parents éplorés qu'un commentaire anatomique et scientifique qui les aide à affronter la réalité mais reste sans commune mesure avec leur tragédie. C'est à rencontrer ces parents désespérés qu'ont été dépêchés les premiers psychiatres de liaison travaillant en maternité.

Un drame silencieux

Pour les parents, la mort d'un enfant à naître est un drame muet, une catastrophe brutale et le plus souvent silencieuse.

Seuls les écrivains ont su traduire leur indicible douleur. Une mère raconte : « La peau de mon ventre me collait au dos tellement j'étais vide. L'enfant était sorti, nous n'étions plus ensemble. Il était mort d'une mort séparée (...). Mon ventre était retombé lourdement sur lui-même, un chiffon usé, une loque, un drap mortuaire, une dalle, un néant que ce ventre. Il avait porté cet enfant et dans la chaleur glaireuse et veloutée de sa chair, ce fruit marin avait poussé. Le jour l'avait tué. Les gens disaient : " Ce n'est pas si terrible à la naissance, il vaut mieux ça ! " Était-ce terrible ? Je le crois ; précisément ça : cette coïncidence entre sa venue au monde et sa mort. Ce vide était terrible, je n'avais pas eu d'enfant même pendant une heure *. »

La mort d'un nouveau-né n'est certainement pas moins significative et douloureuse que celle d'un autre

* Marguerite Duras, « L'horreur d'un pareil amour », *Sorcières*, Paris, 1976.

enfant, mais sa particularité est d'être souvent escamotée par une collusion silencieuse entre les soignants gênés par l'échec de leur idéal de prévention et l'entourage social embarrassé, qui, ne sachant que dire, cherche à en faire un non-événement.

De nos jours, la perte du sentiment religieux renforce la solitude des parents et leur sentiment de culpabilité, leur conviction d'être fautifs de ce qui les accable. Les moments précédant ou accompagnant la grossesse sont réinterrogés comme autant de causes possibles où serait engagée la responsabilité de chacun. Les ruptures conjugales sont fréquentes après la mort néonatale.

Conjuration des dénis, naissance sans enfant, deuil sans rituel ni sépulture, le chagrin en est décuplé et il peut être infini car, plus encore que la perte d'un être cher, c'est la perte d'une espérance que seule une nouvelle naissance pourra réparer.

UNE PETITE FILLE CHERCHE SON FRÈRE

R. consulte un psychiatre pour infertilité secondaire après la naissance de Marie qui a maintenant six ans. Des années plus tôt, avant Marie, une première grossesse s'est tragiquement terminée : un garçon mort-né n'a été ni nommé ni inhumé, enfoui dans le silence familial.

Marie développe un intérêt insolite pour les cimetières. Elle interroge inlassablement ses parents sur le sort des défunts. En vacances au Mont-Saint-Michel, elle entraîne ses parents dans une course folle à la recherche du cimetière !

Nous convenons ensemble que la petite fille en sait plus long que ses parents ne l'imaginent ! L'évocation par sa mère du décès néonatal de son frère aîné va la calmer en lui restituant un récit jusque-là interdit par le sentiment de culpabilité de ses parents. Quelques mois plus tard, une grossesse surviendra pour R., elle-même libérée de ce souvenir indicible.

TRADITIONS D'AUTREFOIS

Dans le passé, le grand nombre des enfants morts en période périnatale posait essentiellement la question de leur appartenance à la communauté humaine spirituelle. Dans la France catholique, la question était celle du baptême ou, au minimum, de l'ondoiement permettant l'inhumation religieuse. Non ondoyé, le petit corps n'avait pas statut d'humain ni droit à des obsèques. Il existait cependant, dans certains cimetières, des zones intitulées « cimetière de répit » où leur inhumation provisoire leur permettait d'attendre paisiblement le Jugement dernier.

Les historiens (5) rapportent aussi que les enfants morts au moment des couches figuraient souvent sur les registres d'église et parfois sur les tableaux représentant l'ensemble de la famille, père, mère et enfants morts et vivants. Il y a peu d'années, la tradition de l'ondoiement du mort-né existait encore dans les maternités tenues par des sages-femmes appartenant à un ordre religieux.

UNE PLACE PARMI LES VIVANTS

Avec la laïcisation de l'hôpital, les mœurs ont changé, et toute liberté est laissée aux parents infortunés de récupérer leur dépouille et de l'enterrer à leurs frais, à condition qu'il s'agisse d'un fœtus d'un âge suffisant. Sinon, et depuis quelques années, une inhumation collective est prévue dans les cimetières municipaux. Mais la plupart des parents, en état de choc, ne songent qu'à quitter la maternité devenue un lieu funeste. Leur réaction est défensive. Ils refusent d'être confrontés à la dépouille de cet enfant mort dans laquelle ils ne reconnaissent pas leur espérance. Ils refusent même d'en parler et préfèrent rejoindre au plus vite leur domicile, pour tenter d'y retrouver une vie quotidienne à peine interrompue. L'équipe médicale, également choquée, n'a pas forcément vocation de s'opposer à cet évitement de la réalité.

Depuis quelques années, sous l'impulsion de praticiens courageux ou motivés, des équipes obstétricales proposent aux parents infortunés quelques rituels de deuil. Il s'agit de les accompagner pour contempler un moment le petit corps, prendre une photo, inscrire l'enfant à l'état civil (ce qui est facultatif selon l'âge de la grossesse) ou conserver un bracelet d'identification, envisager une inhumation.

Ces propositions exigent des membres de l'équipe médicale un engagement émotionnel. Elles sont parfois mal reçues par des parents très en désarroi ou très en colère et, dans tous les cas, figés en une épreuve de force avec eux-mêmes et avec les autres.

La justification de ces démarches tiendrait néanmoins dans la conviction non plus religieuse mais éthique de la valeur attachée à un rituel de deuil. Sous ce terme de *rituel*, on englobe les gestes, cérémonies, conservation d'objets, inscription officielle permettant de donner à l'enfant disparu une place au monde des vivants parmi lesquels il n'a pas eu le temps de se situer. Il s'agit de faire exister le mort, par des preuves tangibles – aussi tangibles qu'une stèle funéraire – dans une réalité et non dans le seul souvenir de ceux qui l'ont directement connu. L'inhumation des défunts depuis l'époque préhistorique est donnée comme la première marque d'humanité d'*Homo sapiens*. Elle dépasse largement la simple observance d'une obligation religieuse.

Le rituel permet d'éluder la négation pure et simple de l'existence même brève du disparu, d'éviter l'attente de son retour. L'expérience des guerres ou des persécutions nous a d'ailleurs largement appris le caractère néfaste des deuils sans sépultures, sans traces sensorielles, ces morts dont on ne peut que continuer d'attendre le retour, éventuellement toute une vie.

RITUEL SOCIAL ET DEUIL PATHOLOGIQUE

Il existe une certaine confusion conceptuelle entre ces deux registres du rituel social et du deuil en tant que processus psychologique. Le rituel social ne garantit pas le deuil psychique, loin de là. Si d'ailleurs il l'assurait, alors que tous les vivants décédés sont régulièrement inhumés, on ne devrait jamais rencontrer de deuil pathologique! Le rituel social de deuil vise à se concilier le mort, à lui assurer une existence – fût-elle funéraire – qui le rende compatible avec notre vie ordinaire.

L'aboutissement d'un deuil normal n'est en aucune façon l'oubli du disparu, mais l'aptitude à le situer à sa juste place dans une histoire achevée, l'aptitude à réinvestir pleinement les activités vivantes, les projets et les désirs qui donnent de la valeur à l'existence. Dans certaines traditions africaines, la fin du deuil est ponctuée par la sortie des masques : le disparu cesse alors d'être un défunt persécuteur pour devenir, représenté par son masque, un *ancêtre* auquel on peut se référer avec confiance.

Souvent, le rituel social, à lui seul, échoue pourtant à éviter la constitution de deuils pathologiques que l'on rencontre en clinique psychiatrique. Par deuil pathologique nous entendons ces états dépressifs qui excèdent la durée habituelle du deuil normal. La sagesse populaire connaissait ce *timing* qui prescrivait aux veuves et aux orphelins une pleine année en noir absolu et une autre année dite de demi-deuil. Au-delà de deux années après la perte, la persistance de la tristesse, le désintérêt pour les activités vivantes doivent faire penser qu'un deuil anormal est en train de se mettre en place.

La tristesse n'est pas le seul symptôme de ce deuil excessif et durable; il s'y ajoute les sentiments de culpabilité à l'égard du disparu. L'endeuillé s'accuse de sa perte. Il en déclare la responsabilité, ou dit n'avoir rien fait pour l'éviter. D'autres vont multiplier les plaintes somatiques, parfois sans substrat. Une mère endeuillée peut aussi développer une authentique pathologie organique et souvent une infertilité secondaire, alors qu'elle souhaite vivement une nouvelle grossesse.

Enfin, il arrive que le deuil pathologique devienne une véritable mélancolie. L'insomnie, les ruminations, le repli sur soi, peuvent être assez sévères pour être qualifiés de psychiatriques et rendre nécessaires des soins adaptés.

LE DÉSESPOIR MATERNEL

Selon différentes études (90, 117, 122, 126), la mort néonatale et, surtout, la mort fœtale intra-utérine réalisent les conditions idéales pour la constitution d'un deuil pathologique et pour plusieurs raisons. Pour la jeune femme qui traverse cette épreuve, l'irréalité est complète. Souvent, elle ne voit pas le petit corps, parfois même elle a bénéficié d'une anesthésie qui accentue l'irréalité d'une naissance sans nouveau-né. L'enfant qu'elle a attendu va rester *emmuré* en elle, il est non accouché, non séparé. S'il n'y a eu ni rituel ni condoléances des proches, souvent embarrassés, la jeune mère sans enfant va continuer de l'attendre, en silence, et à l'insu de tous.

Nous avons rencontré des femmes, apparemment rassurées par des naissances ultérieures, qui s'attachent à des enfants étrangers à leur famille de l'âge exact de celui perdu (parfois des compagnons de leurs propres enfants). Une autre jeune femme, après l'accouchement sous anesthésie d'un fœtus mort, continuait pendant des mois d'en percevoir les mouvements actifs, *fœtus fantôme*, cognant du pied, enfermé dans le tombeau du ventre maternel.

En outre, l'irruption de la mort alors que l'on attendait la vie démontre aux parents en deuil que des forces mortifères sont à l'œuvre en eux dans l'édification de leur enfant. Le projet d'enfant, projet constructif par excellence, est alors mis en échec avec violence, et cet échec détermine une crise existentielle, un doute profond et durable. Certaines mères s'accusent du meurtre de l'enfant perdu. La société leur refusant une sanction, la mélancolie est la punition qu'elles s'infligent à elles-mêmes.

D'autres, à tort ou à raison, ont la force d'accuser l'entourage, et leur énergie parfois procédurière et souvent déraisonnable déconcerte. C'est la fureur de celles qui ont perdu l'enfant. Elles sont les sœurs malheureuses des « Folles de la place de Mai » à Buenos Aires, qui réclament inlassablement une sépulture pour leurs enfants assassinés, et des mères endeuillées des héros grecs antiques tombés au combat (96).

Mais, plus souvent, leur violence laisse place au désespoir d'avoir été le tombeau même de l'enfant. L'utérus funeste peut être condamné à des douleurs. Les gynécologues connaissent ces consultantes, algiques au long cours, qui mettent en échec tous les traitements. Leur ventre est éternellement douloureux !

Instituer un minimum de rituels assurant la réalité de la naissance est donc une mesure certainement nécessaire mais insuffisante. Pourtant, la réflexion sur le destin psychique de ces femmes au malheur trop souvent sous-estimé fait évoluer les mentalités médicales depuis quelques décades (90, 92, 136).

LES GROSSESSES COMMÉMORATIVES

Pour beaucoup de femmes, malgré la programmation volontaire des naissances, la grossesse survenant après une mort néonatale annonce son terme à une date correspondant, en date du calendrier, avec celle de l'issue tragique de la naissance précédente. Nous avons reconnu l'importance de ce fait clinique au cours de consultations prénatales (111) ; il semblait être jusqu'ici passé inaperçu dans les communautés médicale et psychanalytique.

Pour ces femmes, la date involontairement prévue pour la naissance suivante sera une date non venue du hasard, mais commémorative de l'événement passé qu'elles voudraient consciemment oublier. Sa réapparition comme date de naissance de l'enfant suivant est une répétition qui leur échappe (18, 111).

V. a mis au monde un enfant mort-né un 13 juillet. Déprimée, elle consulte un psychiatre, prend une médication et décide de surseoir à toute grossesse. Deux années plus tard, elle a la surprise d'être enceinte malgré une contraception réputée efficace, et le calcul de son terme montre qu'elle va accoucher un 13 juillet, deux années plus tard exactement. Un exemple célèbre est celui de Vincent Van Gogh né un an jour pour jour après un frère aîné mort et également prénommé Vincent !

Nous avons communiqué cette observation aux accoucheurs et aux sages-femmes, et il est apparu, grâce à l'expérience des uns et des autres, que le calcul inconscient de la date prévue pour la naissance n'était pas réservé aux seules grossesses suivant un décès néonatal mais avait un caractère plus général. Le deuil mémorable et commémorable n'est pas seulement celui d'un enfant, mais peut être celui d'un parent, père ou mère disparu, ou celui du deuil d'un organe vital.

Une très jeune patiente avait ainsi reçu, avec succès, une greffe du bloc cœur-poumon, et le chirurgien avait vivement déconseillé une grossesse. L'année suivante, elle est invonlontairement enceinte, et la date de son terme est calculée, de façon surprenante, pour être commémorative de l'intervention salvatrice.

À notre époque de la programmation volontaire des grossesses, on pourrait s'attendre à ce que les dates de naissance coïncident avec les choix conscients des sujets.

Souvent, il n'en est rien. Dans bien des cas, en dehors de la volonté de la femme, la date qui surgit comme date prévue pour la naissance est commémorative. L'enfant portera pour toujours ce signe d'identité, véritable inscription à l'état civil d'un souvenir maternel inoubliable.

La durée des deux cent quatre-vingts jours de la grossesse, durée connue de façon immémoriale, paraît avoir été inconsciemment enregistrée. L'inconscient ignore le temps du calendrier mais il n'est pas étranger aux cycles. Il est une mémoire, une réserve de signes toujours disponibles, prêts à ressurgir. La disposition cyclique du temps du calendrier est alors une véritable sollicitation à faire réapparaître une date passée, prête à faire retour, à être commémorée si l'occasion se présente.

Cette date risque souvent d'être perdue : une prématurité ou un déclenchement médical de la naissance peut introduire un autre jour pour l'état civil. La date significative dort alors définitivement dans le dossier de l'accoucheur !

Une traversée des enfers

L'intense chagrin de la perte d'un enfant à peine naissant peut paradoxalement se métamorphoser, pour certains êtres, en un « merveilleux malheur (32) », un malheur qui devient une richesse cachée à nulle autre pareille. Une catastrophe intime qui se convertit en connaissance secrète capable d'illuminer les décades ultérieures. C'est le cas de celles qui transforment leur chagrin en une création originale.

Une jeune femme, après la perte d'une petite fille, est ainsi devenue créatrice de modèles de robes de poupées ; une autre a conquis la célébrité en dessinant des meubles pour chambre d'enfant. Un beau film (*Portrait of a Lady*) de Jane Campion aurait la même origine, ainsi que l'œuvre picturale de Frieda Kalho. Les exemples sont nombreux mais, le plus souvent, ils sont tenus secrets car ils portent la trace de la culpabilité qui a marqué la perte de l'enfant à naître.

N. a perdu une petite fille à peine née qu'elle a secrètement prénommée Anna. Son deuil l'a entraînée dans un travail psychothérapique. Elle a découvert son attachement morbide aux situations douloureuses, une inclination secrète à s'identifier à Anna Karénine et à valoriser ce tragique destin. Le prénom donné à l'enfant perdu en était le signe. Elle a émergé de cette traversée des enfers avec une force vitale renouvelée.

Son récit évoque celui du soldat Er, relaté par Platon, dans *La République* *. Ce soldat, laissé pour mort sur le champ de bataille, doit être incinéré le lendemain avec les autres victimes du combat. Dans la nuit qui précède, il descend et séjourne aux Enfers. Il y observe que des sorts sont jetés aux âmes à naître. Chacune recueille le sien et chaque âme a donc le choix inné de la destinée terrestre qui lui sera réservée. « Chacune est responsable de son choix, la Destinée n'est pas en cause », écrit Platon. À l'aurore, sur le bûcher encore intact, le soldat Er revient à la vie avec un savoir nouveau sur son destin. Sa traversée des Enfers lui aura permis de vivre sereinement l'avenir. Sa mort est maintenant derrière lui !

Un rescapé des camps nazis témoigne de façon analogue ** : « J'avais traversé la mort. Elle était une expérience de ma vie. »

On sait qu'après un traumatisme grave, ou après une perte dramatique, certains sujets ont la force de renaître plutôt que de s'installer dans un rôle tout tracé de victime. Ils sont plus riches d'avoir un jour rencontré la mort en face et convertissent leur expérience tragique en un malheur fécond.

* Platon, *La République*, Paris, G. F., Flammarion, 1992.
** Jorge Semprun, *L'Écriture ou la Vie*, Paris, Gallimard, 1994.

L'enfant suivant

L'enfant perdu, inchangé, traverse les années. Il est une douleur exquise et intime qui se nourrit d'elle-même. Il est un souvenir inoubliable qui ne peut être partagé, un ange pour celles qui ont la foi religieuse. Certaines femmes sont blessées à vie. Les plus nombreuses chercheront réparation dans la plus humaine des créations, un nouvel enfant vivant, et leur désir d'une nouvelle grossesse devient un projet obsédant. Cette maternité « à l'ombre des limbes » ainsi que la relation particulière que la jeune mère risque de développer avec l'enfant suivant ont fait l'objet de plusieurs études (122, 136).

Souvent, la nouvelle grossesse survient trop vite, sans délai raisonnable après la perte. Le temps n'a pas eu le temps de faire son œuvre, ni le deuil psychique de s'accomplir. Le souvenir de l'attente précédente risque de figer celle de l'enfant à venir. Le repli dans le deuil passé porte ombrage à la rêverie silencieuse pour l'enfant suivant. Ensuite, la jeune mère devra faire un douloureux travail de différenciation entre l'enfant perdu et son remplaçant, vulnérable mais tellement réparateur (122). On conseille aujourd'hui aux jeunes femmes endeuillées de prendre le temps de guérir de la douleur de l'enfant perdu. Il est clair que seul un enfant bien vivant l'aidera à cicatriser la « mélancolie de l'enfant des limbes ».

Cet enfant suivant éminemment précieux est un miracle auquel elle n'osait plus croire. Elle l'accueillera parfois avec beaucoup de maladresse. Elle l'aimera « d'un amour d'autant plus absolu, d'un amour d'autant moins pesant, d'autant moins exigeant, qu'elle lui sera reconnaissante d'être simplement là, d'être venu au monde en dépit de toute la fragilité et de tout le non-sens * ».

* Pierre Péju, *Naissances*, Paris, Seuil, 1998.

Chapitre 9

ÉPILOGUE

Les artistes et les poètes l'avaient déjà dit

Au terme de cet ouvrage, il paraît essentiel de confier le dernier mot aux créateurs et de reprendre en leur compagnie les concepts qui se sont dévoilés au fil des pages. Les poètes, les peintres, les évangélistes et les auteurs anonymes de textes sacrés sont les premiers à saisir l'essentiel du secret de la naissance humaine. Ce thème de la création du vivant, ce mystère par excellence, a été une source inépuisable d'inspiration – mythique, religieuse et artistique – dont jamais l'énigme ne s'est tarie.

L'artiste et le poète, d'un trait de pinceau ou d'une métaphore fulgurante, savent souvent illustrer les concepts que la recherche scientifique peine à formuler. À travers les mythes et la poésie, ils nous dévoilent un savoir de l'autre côté du monde. Et la science trouve souvent son impulsion dans les ressorts de l'imagination poétique avec laquelle, selon Roger Caillois, elle entretient une « cohérence aventureuse ».

Ainsi, les principaux concepts développés dans ce texte trouvent leur représentation dans l'iconographie universelle, et surtout religieuse. L'Annonciation illustre le thème du désir d'enfant qui prend forme dans la *mise en corps* d'un bébé. La grossesse qui ne peut être reconnue que par l'identification à une autre femme est le thème central de la Visitation. La maternité comme expérience d'une perte, d'un dénuement, se retrouve à plusieurs reprises dans la Bible, mais aussi dans les récits mythologiques occidentaux. Enfin, le thème de la paternité et de sa dimension spirituelle, séparatrice de la dyade mère-bébé, sont présents dans le récit des Évangiles, dans la peinture qu'ils ont inspirée et, même, dans l'œuvre de certains peintres modernes.

L'atelier divin

L'humain est un être vivant promis au langage, promis au psychisme, et l'insertion de cette dimension spirituelle dans l'être biologique, dans le corps, est bien le premier des mystères.

La traduction biblique de cette réunion du corps et de l'esprit est illustrée par le thème de l'Incarnation. Pour en rendre compte, la fable chrétienne a donné la parole à Gabriel, l'ange de l'Annonciation. Luc * écrit : « L'ange fut envoyé par Dieu dans une ville de Galilée appelée Nazareth, à une vierge fiancée à un homme du nom de Joseph; et le nom de la vierge était Marie. Il entra chez elle et lui dit : " Salut, comblée de grâces, le Seigneur est avec toi. " À ces mots, elle fut bouleversée et se demandait ce que signifiait cette salutation. Mais l'ange lui dit : " Rassure-toi, Marie, car tu as trouvé grâce auprès de Dieu. Voici que tu concevras et que tu enfanteras un fils, et tu lui donneras le nom de Jésus. " Mais Marie dit à l'ange : " Comment cela se fera-t-il puisque je ne connais point d'homme? " L'ange lui répondit : " L'esprit viendra sur toi et la puissance du Très Haut te prendra sous son ombre. " »

L'ange messager parcourt l'espace entre le ciel et la terre. Il ne se fait pas voir, il est pur discours, parole de salu-

* Évangile selon saint Luc, I, 26-39.

tation entendue par Marie et qui la trouble au point de provoquer une question qu'elle pose comme à elle-même : « Comment cela se fera-t-il puisque je ne connais point d'homme ? » Il y a dialogue entre Gabriel, figure de l'invisible, de la virtualité, figure du mystère de l'Incarnation, et Marie qui est le lieu choisi pour cette annonce.

Le thème de l'Annonciation est souvent représenté dans la peinture religieuse. L'organisation de l'espace y est en général monotone (Fig. 8).

La pièce où se tient la Vierge est régulièrement divisée en deux parties : l'ange agenouillé, à gauche, prononce sa troublante salutation; Marie, à droite, l'accueille avec un regard modeste ou esquisse un geste d'effroi pudique.

Un historien de l'art a montré (101) que « le point de croisement entre l'axe narratif représenté et l'axe perspectif de représentation, bref l'espace même de la communication du secret de l'incarnation est marqué par une figure chiffrée » : ce peut être une colonne, comme dans la célèbre *Annonciation* de Fra Angelico, ou dans celle de Lorenzetti (Fig. 8), un vase de fleurs chez Simone Martini, un lutrin dans le tableau de Titien, un tabernacle pour Giotto, voire la figure même de Luc, le narrateur, pour Bonfigli. Cette représentation de l'espace du secret est l'illustration en peinture de l'ineffable et invisible mystère de l'Incarnation.

Du point de vue scientifique, il faut reconnaître que toute gestation réalise une incarnation : la conversion d'un désir, d'un projet, en un développement biologique. Au moment de la conception, le projet d'enfant prend corps. Des éléments de parole ou exprimables seulement par la parole (des rêves nocturnes ou des rêveries, des souvenirs, des parts de mémoire inconscientes) vont habiter le texte fourni par la contrainte biologique (génome, molécules, acides nucléiques). Ils vont lui donner un sens, l'interpréter comme le musicien devant sa partition. L'hérédité propose, le désir dispose, avec sa complexité, ses contradictions et son inconscience.

Les progrès biologiques actuels et une certaine maîtrise dans la production de la vie risquent d'oublier cet aspect, de faire du vivant humain un pur événement matériel. Cette question est au centre du débat éthique autour de la reproduction médicalisée ou expérimentale, autour du statut de l'embryon et du clonage.

La visitation d'une autre femme

La tradition chrétienne relie deux récits d'annonce de maternités improbables à un troisième qui est celui de la Visitation (Fig. 6).

Le premier récit est l'annonce à Zacharie * de la future maternité de sa femme Élisabeth, pourtant âgée et stérile. Le second est l'annonce faite à Marie de la conception de Jésus, malgré sa virginité. Dans ces deux récits, une prédiction, une parole divine se transforme en être vivant, elle s'incarne en un enfant malgré la stérilité de l'une et la virginité de l'autre. Les mots précèdent l'incarnation, l'enfant existe avant même son commencement. Comme l'écrit Marina Zvetaieva **, « il est des grossesses qui durent des années d'espoir ».

La maternité n'est réelle qu'à partir de la rencontre de deux femmes. L'une, sûre de sa capacité maternelle, va donner corps à la grossesse de l'autre, encore maintenue dans le doute ou cachée. C'est le thème évangélique de la Visitation où les mères se rencontrent pour célébrer les engendrements miraculeux et où Élisabeth ressent dans son ventre la grossesse qui donnera le jour à Jean-Baptiste.

Dans Luc *** il est écrit que, peu après l'Annonce faite à la Vierge de sa conception : « Marie se mit en route et par-

* Évangile selon saint Luc, I, 11-25.
** *Op. cit.*
*** Évangile selon saint Luc I, 39-45.

tit en hâte vers le haut pays, dans une ville de Juda. » Elle rend visite à Élisabeth, elle-même miraculeusement enceinte malgré son grand âge, et malgré une longue stérilité. « Marie entra chez Zacharie et salua Élisabeth. Or, dès qu'Élisabeth eut entendu la salutation de Marie, l'enfant tressaillit dans son sein et Élisabeth fut remplie du Saint-Esprit. Alors, elle poussa un grand cri et dit : Tu es bénie entre les femmes et béni le fruit de ton sein! (...). Car vois-tu, dès l'instant où ta salutation a frappé mes oreilles, l'enfant a tressailli d'allégresse en moi. Oui, bienheureuse celle qui a cru en l'accomplissement de ce qui lui a été dit de la part du Seigneur! »

C'est à Élisabeth, de femme à femme, que Marie vient dire sa conception miraculeuse; c'est sa Visitation qui déclenche jouissance et allégresse dans le corps âgé et infertile d'Élisabeth, et qui donne vie et tressaillement à l'enfant dont celle-ci doutait encore et dont elle tenait la conception cachée.

Depuis des siècles, les peintres décrivent avec beaucoup de talent le geste de tendresse qui unit en cet instant les mains et les ventres des deux femmes (le Tintoret, Rubens et bien d'autres [Fig. 6]).

Toute femme enceinte est à la fois dans la situation d'Élisabeth, incertaine d'une grossesse toujours miraculeuse, et dans celle de Marie, espérant qu'une bénédiction viendra d'une femme plus âgée et créditera sa propre gestation. Le corps maternel fécondé est sans doute tout aussi impensable pour la future mère que celui de l'enfant porté, et il faut la visitation d'une autre femme pour que la grossesse devienne réelle et représentable.

Cette *rencontre des ventres* est aussi rencontre des voix (101), la salutation de Marie fait tressaillir (*exultat* et *jubilat*) l'enfant caché dans le sein d'Élisabeth, et la réponse de la Vierge est ce *Magnificat* dont Jean-Sébastien Bach a su traduire l'émotion.

Cette bénédiction réciproque et nécessaire trouve d'autres formes d'expression métaphorique. Ainsi, dans la Genèse *, Saraï est l'épouse infertile d'Abraham. « Elle a une esclave égyptienne nommée Agar. Saraï dit à Abraham : L'Éternel m'a refusé l'enfantement ; approche-toi de mon esclave, peut-être par elle aurai-je un enfant **. »

Dans l'art, la représentation de l'accouchement primitif reproduit cette séquence de la naissance sur les genoux d'une femme, faisant enfanter la nouvelle mère dans les bras protecteurs d'une mère, belle-mère, assistante consacrée, sage-femme. Cette scène est illustrée par des artistes inconnus dans des régions aussi diverses que le Pérou précolombien (Fig. 7) ou le pays étrusque. Les coutumes de naissance plus modernes en dérivent progressivement, qu'il s'agisse de l'habitude de la chaise obstétricale (Fig. 9) ou de la féminisation traditionnelle de la profession de sage-femme.

Maternité et naissance, événements se déroulant entre femmes, sont largement dépeints par l'iconographie religieuse. De nombreuses œuvres illustrent la naissance de la Vierge et celle de Jean-Baptiste. L'assistance est exclusivement féminine car l'homme en est régulièrement exclu jusqu'à l'avènement de l'obstétrique scientifique au XVIIe siècle.

* Genèse, II, 16.

** Ce thème de la maternité obtenue par délégation à une autre femme se repète plus loin dans la Genèse avec l'infertilité de Rachel. Rachel, comme Saraï autrefois, dit à Jacob son époux : « Approche-toi de ma servante Bilha, elle enfantera sur mes genoux et par elle j'aurai des enfants. » Bilha conçut et enfanta un fils à Jacob, et Rachel dit alors : « Le seigneur m'a jugée, il a écouté ma voix en me donnant ce fils »(Genèse, III, 30).

L'expérience d'une perte

Un thème récurrent de la maternité est celui du dénuement, du retrait, l'expérience de la perte. Le jugement de Salomon est exemplaire qui détermine la mère véritable selon sa capacité de renoncement à l'enfant. Cette perspective nous éloigne des fantasmes masculins qui voient en la femme enceinte une icône de triomphe phallique. Pourtant, la pensée commune s'en nourrit souvent, elle-même reliquat d'une des premières idées de l'enfant concernant la sexualité, selon laquelle un seul organe reproducteur serait attribué aux deux sexes ! À l'inverse de cette représentation infantile, les mythes occidentaux confortent souvent l'idée du dénuement assorti au destin de mère.

ÈVE

« L'homme appela sa compagne Ève parce qu'elle est la mère de tous les vivants. » Cette mère mythique universelle est pourtant l'objet d'une punition terrible, pire que la mort : le bannissement du Paradis, la vie en exil à tout jamais, et la malédiction des peines de la grossesse et de l'enfantement dans les douleurs. D'abord brisée, c'est à ce prix qu'elle devient mère originaire. La fresque de Masaccio (Fig. 11) représente Ève chassée du Paradis, le visage tordu de douleur, tentant de cacher son dénuement.

La maternité humaine est ainsi gagnée au prix de la perte du jardin d'Éden.

DÉMÉTER

Déméter est la bonne déesse de la mythologie grecque. Elle est la Terre qui reçoit le grain dans son sein et le multiplie, la Terre qui nourrit et qui recueille. Selon la légende,

Déméter, fille de Cronos et sœur de Zeus, est jeune et gaie à la naissance de sa fille, Coré. Elle perd sa gaieté pour toujours lorsque celle-ci lui est enlevée violemment par Hadès qui règne sur le royaume des Morts. Au moment de disparaître, Coré pousse un cri que sa mère entend, et depuis lors l'angoisse lui serre le cœur.

L'intervention de Zeus permet un compromis : Coré passe désormais trois mois de l'année en compagnie d'Hadès et règne alors sur les ombres sous le nom de Perséphone et les neuf autres mois elle retrouve sa mère : « Qu'il est doux chaque printemps de revoir les deux déesses réunies. Chaque fois qu'elles se retrouvent leur cœur déborde de bonheur et chaque fois la terre abonde de promesses ; les fleurs renaissent aux branches et les sillons se hérissent d'une tendre verdure... (10) ».

Mais aussi longtemps que les déesses sont séparées, la terre est stérile, et c'est la triste saison de l'hiver. Déméter, déesse de la fécondité, a bien pour attributs la couronne de fruits et la gerbe d'épis, mais elle porte aussi le voile de deuil qui rappelle la perte de sa fille.

LES CONTES DE FÉES

Dans les contes, mise en forme sociale des mythes, on rencontre plus souvent des belles-mères hautaines et méchantes comme celle de Cendrillon, que des mères bonnes et effacées. Pour Blanche-Neige, la mère perdue est un souvenir blanc et doux, une femme rêveuse dont on dit qu'elle brodait distraitement en désirant donner naissance à une fille. Parfois, la reine est très belle mais gravement malade, comme celle de *Peau-d'Âne*. Avant de mourir, elle fait promettre à son mari de n'épouser qu'une femme l'égalant en beauté.

Dans les contes, il n'est de bonne mère que disparue, perdante ou effacée par la mort.

L'interdit du regard masculin

L'histoire et l'anthropologie des naissances humaines enseignent que des coutumes règlent la question de la présence ou de l'absence masculine aux accouchements, qu'il s'agisse du père de l'enfant ou de l'homme médecin.

Jusqu'à l'époque moderne, ces deux interlocuteurs en étaient traditionnellement exclus. Les œuvres d'art antérieures au XVIIe siècle représentant des naissance décrivent toujours une assistance nombreuse mais exclusivement féminine (*Naissance de la Vierge* par Ghirlandaio et par Andrea Del Sarto; *Naissance de saint Jean-Baptiste* par Ghirlandaio et par Giotto).

Une naissance célèbre, souvent représentée, est celle de César; pourtant, l'assistance y est masculine car il s'agit d'une intervention chirurgicale, une césarienne *post mortem*, pratiquée sur un corps maternel exsangue, privé de vie et non désirable (Fig. 10) (49, 114).

Un précis d'accouchement, écrit par Samuel Janson et publié en Hollande en 1681, nous en apprend davantage sur la nature de l'interdit qui paraît frapper la présence de l'homme à la naissance. Cet ouvrage didactique comporte une gravure décrivant les positions respectives à adopter pour réaliser un bon accouchement. L'obstétricien est assis face à la parturiente, mais un drap est tendu du col du médecin à la taille de la patiente. Ainsi, toutes les manœuvres se font à l'abri de ce drap et, donc, du regard de l'homme médecin (Fig. 9).

Au XVIIe siècle, les mœurs changent. La naissance devient un objet d'intérêt médical, et la présence d'hommes médecins aux accouchements se généralise. Pourtant, ce changement des mœurs ne se fait pas sans heurts. En 1708, le Dr Hecquet, futur doyen de la Faculté de médecine de

Paris, tente sans succès de s'élever contre ces pratiques nouvelles mais son plaidoyer véhément intitulé *De l'indécence aux hommes d'accoucher les femmes...*, s'il fait grand bruit, ne convainc plus personne. Le pas est franchi, l'accouchement est devenu objet médical, objet du regard masculin. Il n'y aura pas de retour en arrière mais des aménagements avec l'interdit traditionnel. L'homme accoucheur interviendra au nom du cas pathologique, et l'accouchement simple restera l'affaire de la sage-femme.

Ainsi, l'homme s'autorise désormais à assister aux naissances en mettant en avant sa vocation réparatrice à base scientifique. D'ailleurs, la vocation obstétricale comporte, outre la sublimation de la pulsion de voir et de savoir, une forte composante identificatoire féminine. Il s'agit de l'identification à la matrone dont Socrate est l'exemple : fils d'une sage-femme, Phénarète, et inventeur de la maïeutique ou art d'accoucher les esprits.

Une œuvre de Chagall (Fig. 12) dépeint ce concept d'interdit du regard masculin sur la femme qui accouche. Il s'agit d'une naissance villageoise; l'accouchée est encore seule avec la matrone qui l'a assistée et qui porte le nouveau-né. Le père s'efforce de maintenir hors de la chambre la foule masculine qui se presse pour regarder à la porte et aux fenêtres. Un homme pourtant a réussi à transgresser l'interdit, il est caché sous le lit où personne ne l'a encore découvert !

Le père : revendication maternelle ou place symbolique

Le père est absent du corps à corps de la gestation. Il est souvent maintenu à l'écart de la scène de la naissance et du spectacle trop lourd d'émotion que cette scène suggère. L'essence de la paternité serait, comme le souligne Freud dans *Moïse et le monothéisme*, un processus de pensée, une opération essentiellement spirituelle. Il s'agirait de reléguer au second plan les perceptions sensorielles directes, de donner « le pas aux souvenirs, aux déductions, aux réflexions, tous processus intellectuels tenus pour supérieurs. Bien que les sens ne puissent la déceler, la paternité serait plus importante que la maternité (65) ». Une fois encore, comme dans l'Annonciation, une place prépondérante est accordée à la parole, à l'acte de foi en la naissance annoncée.

L'exorbitant pouvoir de créer de l'humain dont est doté le sexe féminin est, d'une part, à la base du mystère originaire que représente pour l'homme la féminité, et, d'autre part, la source d'une envie légitime. Le rôle paternel, symbolique et essentiel, laisse peu de place à la revendication maternelle de l'homme ; aussi est-elle vive chez certains, du moins chez ceux dont la bisexualité psychique (56) n'a pas été barrée par des identifications machistes exclusives. Cette dimension maternelle de l'homme peut s'exprimer dans les premiers soins à l'enfant nouveau-né, avec une compétence potentiellement aussi achevée que celle de sa compagne.

Bien qu'institué par la société patriarcale dont nous sommes toujours les héritiers, le rôle paternel est essentiellement du registre symbolique : séparer l'enfant du désir maternel, transmettre son patronyme et son histoire. Souvent, le père de l'enfant doit apprendre à renoncer à son propre désir de maternité pour tenir le cap de cette fonction si importante pour l'enfant.

Dans Luc *, relatant la naissance de Jean-Baptiste, se trouve l'illustration de ce propos. Cette naissance est précédée pour Zacharie, son père, dont la femme, Élisabeth, est stérile, de l'apparition de l'ange du Seigneur qui lui annonce : « Ta femme Élisabeth t'enfantera un fils, et tu lui donneras le nom de Jean. » Zacharie doute de cette prédiction et s'entend dire : « Tu vas être réduit au silence et sans

* Évangile selon saint Luc I, 59-66.

pouvoir parler jusqu'au jour où ces choses arriveront, pour n'avoir pas cru à mes paroles, lesquelles s'accompliront en leur temps. » Et Zacharie sort effectivement du sanctuaire, frappé de mutité.

Plus tard, Élisabeth, après l'épisode de la Visitation de Marie, met au monde un fils : « Or le huitième jour, on vint pour circoncire l'enfant. On voulait l'appeler Zacharie, du nom de son père ; Mais sa mère, prenant la parole, dit : Non, il s'appellera Jean. On lui dit alors : Mais il n'y a personne de ta parenté qui porte ce nom ! Et on demanda par signes au père comment il voulait qu'on l'appelât. Celui-ci se fit donner une tablette et écrivit : Jean est son nom. À l'instant même, sa bouche s'ouvrit et sa langue se délia, et il parlait à nouveau et bénissait Dieu. »

Cette anecdote évangélique désigne la place du père à la naissance. Il nomme son enfant et, par là même, l'inscrit dans une lignée signant la prééminence de la spiritualité sur la sensorialité.

Le doute de Zacharie est un moment important : le père selon la chair doute de la paternité symbolique qui traduit l'allégeance au lien spirituel représenté par le patronyme venu d'un au-delà de lui-même. Par cette allégeance, un renversement de la destinée peut survenir.

Une fresque de Giotto, à Florence, représentant la naissance de Jean-Baptiste, fait la synthèse de l'interdit de la présence paternelle à la naissance et de la question de la nomination par le père. La fresque montre deux pièces d'une demeure séparées par un mur épais. Dans l'une d'entre elles, Élisabeth vient d'accoucher; épuisée, elle repose de tout son long et est entourée de femmes exclusivement. Dans l'autre pièce, à distance, Zacharie, le muet, se voit présenter l'enfant et écrit sur une tablette : *Jean*, le nom dicté par l'ange du Seigneur. Absent de la scène de la naissance, il inscrit l'enfant dans la lignée spirituelle à laquelle il appartient.

Ainsi s'articule le versant symbolique de la paternité. Le père est passeur du nom qu'il porte. Il est débiteur d'une dette de vie qu'il ne peut régler qu'en étant le maillon d'une chaîne qui le dépasse. Ce faisant, le père peut alors séparer l'enfant d'avec le désir incestueux maternel. Quant à la mère, c'est au moment de cette nomination, et singulièrement, de celle de son premier enfant qu'elle renonce et se sépare du nom de son propre père. Cette étape est d'ailleurs une cause supplémentaire de dépression maternelle postnatale : l'enfant est né d'elle et il lui est retiré une deuxième fois.

Une dette de vie

Un dernier concept nous semble trouver sa mise en forme dans une œuvre singulière de Michel-Ange, la *Pietà Rondanini*. L'enfant – ici le Christ – paraît contraint de porter son parent âgé, enchaîné par un devoir de gratitude à laquelle il ne peut se soustraire.

Cette Pietà, nommée « Rondanini » du nom de la famille qui en fut longtemps propriétaire, est l'œuvre ultime et inachevée de Michel-Ange. Elle est conservée à Milan (Fig. 13). Étrange dans sa composition, cette Pietà a suscité beaucoup de commentaires. Cette œuvre, selon les experts, serait le testament spirituel du maître. Commencée vers 1550, il y travaillait encore quatorze ans plus tard, quelques jours avant la brève maladie qui devait l'emporter.

Michel-Ange la retravaillait inlassablement comme une méditation intime. Il est vrai qu'il ne s'agissait pas d'une œuvre de commande et que rien ne le pressait de l'achever. Au cours des années, il l'a même restructurée complètement, s'écartant des croquis de départ, jusqu'à produire une œuvre étrangère aux canons de l'Église, mêlant de façon indistincte les deux corps douloureux, pathétiques, de Marie et de son enfant mort, descendu de la Croix.

Sur les premières esquisses conservées, Marie soulève avec peine le corps pesant du Christ, musclé comme un gladiateur abattu. À mesure que les années passent, l'œuvre évolue : le corps de Jésus devient gracile, il découvre une humaine nudité et il s'incline en avant. La mère paraît couvrir son enfant mort, tenter de le reprendre à l'intérieur d'elle, faire un seul corps avec lui. Les commentateurs * ont vu dans cette réflexion sur la mort l'émergence de l'idée moderne selon laquelle, en un *flash-back* vertigineux, l'enfance remonterait à la conscience au moment de mourir. L'importance prise par cette représentation, pour Michel-Ange, âgé de plus de quatre-vingt-dix ans, témoignerait de ce retour de l'enfance dans son cœur, peu de temps avant sa mort.

Pour notre esthétique moderne formée aux limites de l'abstraction, l'inachèvement ne s'impose pas comme tel et n'a rien de choquant. La Pietà pourrait même en tirer sa force suggestive. Dans la statuaire postérieure à Michel-Ange, celle de Rodin par exemple, l'œuvre est souvent, de façon délibérée, incomplètement dégagée de la matière.

L'observation du bloc de marbre de Milan suggère une autre interprétation. Le Christ n'est ni soulevé ni soutenu par sa mère, il paraît, au contraire, porter un fardeau. Marie s'appuie et pèse lourdement sur l'épaule gauche de son enfant.

La *Pietà Rondanini* offrirait une interprétation saisissante des thèmes qui font l'objet de notre ouvrage. Le Christ ne porterait pas la Croix mais le corps pesant de sa mère. L'œuvre évoque même le récit de ce conte de Sindbad le Marin, *Le Vieil Homme de la mer*, où un naufragé mène une vie de cocagne dans une île pleine de richesse et d'abondance jusqu'au jour où il repêche un vieillard tyrannique qui s'installe sur ses épaules ; à partir de cet instant, il doit le nourrir à sa place et le porter.

* Antonio Michel Angelo Paolucci, *Le Pietà*, Milan, Skirra, 1997.

Dans ce Christ ultime, l'intuition artistique s'exprime de façon immédiate, sans autre censure que celle qui est créée par l'exigence du matériau. Ainsi, du fait de son inachèvement, du fait aussi de l'hésitation de Michel-Ange à son égard, le Christ paraît soutenir sur l'épaule, en guise de croix, les malheurs du monde métaphorisés par le corps maternel vieilli et alourdi. L'enfant mort a paradoxalement l'attitude du sauveteur en montagne, il porte pesamment un rescapé sur son dos, fardeau inévitable, prix à payer en remboursement de la dette de vie qu'il a contractée lui-même en venant au monde.

REMERCIEMENTS

La rédaction de cet ouvrage doit beaucoup à l'attention soutenue de mes fidèles relecteurs, Madeleine, Jacques, Sarah.

Elle doit aussi à la compétence amicale et éclairée d'Hélène Khcroua et de Marie-Lorraine Colas.

Je remercie, enfin, le Dr Alfred Bader et le directeur du musée de l'Art brut à Lausanne, Michel Thévoz, qui ont permis la reproduction de l'œuvre d'Aloyse Corbaz qui figure en couverture.

BIBLIOGRAPHIE

1. Abraham K., *Correspondance S. Freud*, Lettre du 13 mars 1922, Paris, Gallimard, 1969.

2. Abraham N., Torok M., *L'Écorce et le Noyau*, Paris, Aubier-Flammarion, 1978.

3. Ainsworth M. D. S., Blehar M. C., Waters E., Walls S., *Patterns of Attachment. A Psychological Study of Strange Situation*, Hillsdale, New Jersey, Lawrence Erlbaum Assoc. Ed., 1978.

4. Ajuriaguerra J. de, « L'enseignement de Julian de Ajuriaguerra (1976-1981) », *Bulletin de psychologie*, XLII, 15-16, 1989.

5. Aries P., *L'Enfant et la vie familiale sous l'Ancien Régime*. Paris, Seuil, 1973.

6. Badinter E., *L'Amour en plus*, Paris, Flammarion, 1980.

7. Bibring G. L., « Some considerations on the psychological processus in pregnancy », *Psychoanal. Study of the Child*, 1959, 14, 113-123.

8. Bibring G. L., Thomas F., Dwyer M., « Study of the psychological processes in pregnancy and of the earliest mother-child relationship » ; I – « Some propositions and comments », *Psychoanal. Study Child.*, 1961, 16, 9-24 ; II – « Methodological considerations », *ibid.*, 25-72.

9. Billings E. G., « Liaison psychiatry and intern-instruction », *J. Amer. Ass. Med. College*, 1939, 14, 375-385.

10. Bonnard A., *Les Dieux de la Grèce*, Lausanne, Éd. Gonthier, 1944.

11. Bowlby J., *Attachement et perte, vol. I, L'Attachement*, Paris, PUF, Le Fil rouge, 1978.

12. Brazelton T. B., *Le Bébé, partenaire dans l'interaction*, trad. fr. *in La Dynamique du nourrisson*, Paris, Brazelton *et al.*, ESF, 11-27, 1982.

13. Brazelton T. B., Cramer B., *Les Premiers Liens (l'attachement parents-bébé vu par un pédiatre et un psychiatre)*, Paris, Stock-Laurence Pernoud, Calmann-Lévy, 1991.

14. Bydlowski M., « Les enfants du désir. Le désir d'enfant dans sa relation à l'inconscient », *Psychanalyse à l'Université*, 1978, 4, 13, 59-92.

15. Bydlowski M., « Childbirth customs : a psychoanalytical approach », *J. Reprod. and Infant Psychology*, 1991, 9, 35-41.

16. Bydlowski M., « La transparence psychique de la grossesse », *Études freudiennes*, 1991, 32, 2-9.

17. Bydlowski M., « Les infertiles. Un enjeu de la filiation féminine », *Nouvelle Revue de psychanalyse*, 1992, 1, 185-202.

18. Bydlowski M., *La Dette de vie. Itinéraire psychanalytique de la maternité*, Paris, PUF, Le Fil rouge, 1997.

19. Bydlowski M., Bydlowski R., « Le cauchemar de la naissance. Contribution à la représentation inconsciente de l'accouchement », *Topique*, 1976, 17, 139-145.

20. Bydlowski M., Papiernik E., « La névrose traumatique post-obstétricale. " Signal symptôme " dans la prophylaxie des accidents périnataux », *Médecine & Hygiène*, 1978, 36, 1272, 352-354.

21. Bydlowski M., Dayan-Lintzer M., Cahen F., Fonty B., Levaguerese L., « Approche psychomédicale de l'infertilité. " Souffrir de stérilité " », *J. Gyn. Obst. Biol. Repr.*, 1983, 12, 269-276.

22. Cavenar J. O., Butts N. T., « Fatherhood and emotional illness », *Am. J. Psychiatry*, 1977, 134, 4, 429-431.

23. Coddington R. D., « Life events associated with adolescent pregnancies », *J. Clin. Psychiatry*, 1979, 40, 4, 180-185.

24. Conquy L., Latoch J., Rosenblum O., « Prévention des effets de la dépression maternelle postnatale », *in* M. Bydlowski, D. Candilis (éds). *Psychopathologie périnatale*, PUF, 1998, 99-112.

25. Cooper P., Murray L., *The Impact of Postnatal Depression on Infant Development : a Treatment Trial*, Plenary address, Fifth World Congress of Infant Psychiatry and Allied Disciplines, Chicago, Ill., USA, 1992

26. Cox J. L., « Postnatal depression : a serious and neglected post partum complication », *in* Oates M. (ed), *Psychological Aspects of Obstetrics and Gynaecology*, Bailliere's Clin. Obstst. Gynaecol, 1989, 3-4, 839-856.

27. Cox J., Holden J., *Perinatal Psychiatry. Use and Misuse of the Edinburgh Postnatal Depression Scale*, Gaskell, London, 1994.

28. Cramer B., « Fonctionnement mental précoce et interactions mère-enfant », *in Voies d'entrée dans la psychose, Topique*, 1985, 35-36, 151-172.

29. Cramer B., Stern D. N., « Évaluation des changements relationnels au cours d'une psychothérapie brève mère-nourrisson », *in* B. Cramer (éd.), *Psychiatrie du bébé*, Paris, Genève, Eshel, Médecine et Hygiène, 1988, 31-70.

30. Cramer B., Palacio-Espasa F., *La Pratique des psychothérapies mères-bébés*, Paris, PUF, Le Fil rouge, 1993.

31. Curtis J.-L., « A psychiatric study of 55 expectant fathers », *Coll. of Med. New York U.S. Armed Forces Med. J.*, 1955, 6, 937-950.

32. Cyrulnik B., *Un merveilleux malheur*, Paris, Odile Jacob, 1999.

33. Dayan-Lintzer M., Bydlowski M., « La double écoute du somaticien et du psychanalyste face à la stérilité », *in* W. Pasini, F. Beguin, M. Bydlowski, E. Papiernik (éds), *Les Enfants des couples stériles*, Paris, ESF, 1985, 46-51.

34. Debray R., *Bébés/mères en révolte – Traitements psychanalytiques conjoints des déséquilibres psychosomatiques précoces*, Paris, Le Centurion, coll. « Païdos », 1987.

35. Debray R., « Questions théoriques en psychosomatique chez le bébé et le jeune enfant », *Encyclopédie médico-chirurgicale (Paris, France), Psychiatrie*, 37200 E IO, 1992, 4 p.

36. Deutsch H., *La Psychologie des femmes*, Étude psychanalytique, Paris, PUF, 1953-1955.

37. Devraigne L., *L'Obstétrique à travers les âges*, Paris, Doin, 1939.

38. Diatkine R., « Le psychanalyste et l'enfant avant l'après-coup, ou le vertige des origines, » *Nouvelles Revue de psychanalyse*, coll. « L'Enfant », 1979, 19, 49-63. Article republié *in L'Enfant dans l'adulte ou l'Éternelle Capacité de rêverie* (Diatkine R.), Neuchâtel, Paris, Delachaux et Niestlé, coll. « Champs psychanalytiques », 1994, 127-143.

39. Ebtinger R., Geissmann P., Fetique J., « Psychose de la paternité », *Ann. Médico. Psychol.*, 1961, 1, 4, 785.

40. Erikson E., *Adolescence et crise*, Paris, Flammarion, 1968.

41. Faure-Pragier S., *Les Bébés de l'inconscient. Le psychanalyste face aux stérilités féminines aujourd'hui*, Paris, PUF, 1997.

42. Fay-Sallois F., *Les Nourrices à Paris au* XIX*e* *siècle*, Paris, Payot, 1980.

43. Ferreri M., Alby J.-M., « La psychiatrie à l'hôpital général, identité et fonction », *E.M.C., Psychiatrie*, Paris, III, 37402 H10, 1975.

44. Field T. M., « Affective and interactive disturbances in infants », *in* Handbook of Infant Development, J. Osofsky (ed.), New York, Wiley Eds, 1987, 972-1005.

45. Field T. M., Heady B., Goldstein S., Gutherz M., « Behaviour state matching in mother-infant interactions of non depressed versus depressed mother-infant dyads », *Developmental Psychology*, 1990, 26, 7-14.

46. Fivaz E., *Alliances et mésalliances dans le dialogue entre adulte et bébé. La communication précoce dans la famille*, Neuchâtel, Delachaux et Niestlé, 1987.

47. Fivaz E., « Les microprocessus dans le dialogue précoce mère-bébé », *La Psychiatrie de l'enfant*, 1987, 30, 1,105-165.

48. Fivaz-Depeursinge E., Corboz-Warnery A., *The Primary Triangle. A Developmental Systems View of Mothers, Fathers and Infants*, New York, Basic Books, 1999.

49. Flutre L. F., *La Naissance de César Aesculape*, I, Paris, Doin, 1934, 244-250.

50. Fonagy P., Steele M., Moran G., Steele H., Higgitt A., « Measuring the ghost in the nursery : an empirical study of the relation between parents' mental representations of childhood experiences and their infants' security of attachment », *J. Amer. Psychoanal. Ass.*, 1993, 41, 957-989.

51. Fonty B., Bydlowski, M., « Présence du père à la naissance », *in* W. Pasini, M. Bydlowski, E. Papiernik, F. Beguin (éds), *Relation précoce parents-enfants*, SIMEP (Lyon), 1984, 127-140.

52. Forbes J.-R., *The Midwife and the Witch*, Yale University Press, 1966.

53. Fossey L., Papiernik E., Bydlowski M., « Post-partum blues : a clinical syndrome and predictor of postnatal depression ? », *J. Psychosom. Obstet. Gynecol.*, 1997, 18, 17-21.

54. Fraiberg S., Adelson E., Shapiro V., « Fantômes dans la chambre d'enfants », *La Psychiatrie de l'enfant*, 1983, 26, 1, 57-98.

55. Freeman T., « Pregnancy as a precipitant of mental illness in men », *Br. J. Med. Psychol.*, 1951, 24, 49-54.

56. Freud S., *Drei Abhandlungen zur Sexualtheorie*, 1905, G.W., V. Trad. fr. *Trois Essais sur la théorie de la sexualité*, Paris, Gallimard, « Idées », 1962.

57. Freud S., *Die Verdrängung*, 1915, G.W., X. Trad. fr. *Le Refoulement in Métapsychologie*, NRF, « Idées », 1968.

58. Freud S., *Vorlesungen zue Einführung in die Psychoanalyse*, 1915-17, G.W., XI. Trad. fr. *Introduction à la psychanalyse*, Paris, Payot, 1951.

59. Freud S., « *Psychanalyse* » *und* « *Libido theorie* », 1923, G.W., XIII. Trad. fr. *Psychanalyse et théorie de la libido, in Résultats, Idées, Problèmes*, Paris, PUF, 1985.

60. Freud S., *Selbstdarstellung*, G.W., XII., 1925. Trad. fr. *Ma vie et la psychanalyse, in Ma vie et la psychanalyse*, Paris, Gallimard, 1949.

61. Freud S., *Die Frage der Laienanalyse*, G.W., XII. 1926. Trad. fr. *Psychanalyse et médecine, in Ma vie et la psychanalyse*, Paris, Gallimard, 1949.

62. Freud S., *Das Unbehagen in der Kultur*, G.W., XIV. 1930. Trad. fr. *Malaise dans la civilisation*, Paris, PUF, 1994.

63. Freud S., *Über die weibliche Sexualität*, 1931, G.W., XIV. Trad. fr. *Sur la sexualité féminine, in La Vie sexuelle*, Paris, PUF, 1989.

64. Freud S., *Die Weiblichkeit*, G.W., XV, 1932. Trad. fr. *La Féminité, in Les Nouvelles Conférences sur la psychanalyse*, Paris, Gallimard 1936.

65. Freud S., *Der Mann Moses und die monotheistische Religion*, G.W., XVI. 1939. Trad. fr. *Moïse et le monothéisme*, Paris, Gallimard, 1948.

66. Gelis J., *L'Arbre et le Fruit. La naissance dans l'Occident moderne, XVIIIe-XIXe siècles*, Paris, Fayard, 1984.

67. Golse B., *Du corps à la pensée*, Paris, PUF, Le Fil rouge, 1999.

68. Groddeck G., *Le Livre du Ça*, Paris, Gallimard, 1963.

69. Guedeney A., Bungener C., Widlöcher D., « Le post-partum blues : une revue critique de la littérature », *La Psychiatrie de l'enfant*, 1993, 36, 1, 329-354.

70. Haynal A., « Le syndrome de couvade : contribution à la psychologie et psychopathologie de l'homme en face de la reproduction », *Ann. Médico. Psychol.*, 1968, 4, 539-571.

71. Harlow H. F., « The nature of love », *American Psychologist*, 1958, 13, 673-685.

72. Héritier-Augé F., « Fait-on rire les enfants en Afrique ? » *in Bonjour Gaieté*, Paris, ESF, 1987.

73. Jéronymides E., « Désir d'enfant et stérilité chez les femmes. La relation du symptôme somatique avec l'inconscient dans l'hypofertilité féminine », thèse de Doctorat, Université Paris 7, 1999.

74. Kennerley H., Gath D., « Maternity blues. I. Detection and measurement by questionnaire. II. A comparison between

post operative women and post-natal women. III. Association with obstetric, psychological and psychiatric factors », *British Journal of Psychiatry*, 155, 356-373.

75. Knibiehler Y., *La Révolution maternelle*, Paris, Librairie académique Perrin, 1997.

76. Kreisler L., *Le Nouvel Enfant du désordre psychosomatique*, Toulouse, Privat, coll. « Education et culture », 1987.

77. Kreisler L., Cramer B., « Sur les bases cliniques de la psychiatrie du nourrisson », *La Psychiatrie de l'Enfant*, 1981, 19, 1, 223-263.

78. Kumar R., « Neurotic disorders in childbearing women », *in* I. F. Brockington et R. Kumar (eds), *Motherhood and Mental Illness*, London, Academic Press, 1982.

79. Kumar R., Robson K., « Prospective study of emotional disorders in childbearing women », *British Journal of Psychiatry*, 1984, 144, 1, 35-47.

80. Laget M., *Naissances, l'accouchement avant l'âge de la clinique*, Paris, Seuil, Collection « L'Univers historique », 1982.

81. Lamour M., Lebovici S., « Les interactions du nourrisson avec ses partenaires : évaluation et modes d'abords préventifs et thérapeutiques », *La Psychiatrie de l'enfant*, 1991, 34, 1, 171-275.

82. Lanzik M. H., *Biological Treatment Strategies and Psycho-Therapy of Post-Partum Depression*, 12th International Congress of the International Society of Psychosomatic Obstetrics and Gynecology, Washington, DC, June 20-23, 1998.

83. Lebovici S., *Le Nourrisson, la mère et le psychanalyste. Les interactions précoces*, Paris, Paidos/Le Centurion, 1983.

84. Lebovici S., « Fantasmatic interactions and intergenerational transmission », *Infant Mental Health Journal*, 1988, 9 :10-19.

85. Lebovici S., « Interaction fantasmatique et transmission inter-générationnelle », *in* B. Cramer (éd.), *Psychiatrie du bébé*, Ed. Eshel, Médecine & Hygiène, 1988, 321-335.

86. Lebovici S., « Les liens intergénérationnels (transmission, conflits). Les interactions fantasmatiques », *in* S. Lebovici & F. Weil-Halpern (éds), *Psychopathologie du bébé*, Paris, PUF, 1989.

87. Lebovici S., « Le psychanalyste et le développement des représentations mentales », *La Psychiatrie de l'enfant*, 1990, 33, 2, 325-364.

88. Lebovici S., « La théorie de l'attachement et la psychanalyse contemporaine », *La Psychiatrie de l'enfant*, 1991, 34, 2, 309-339.

89. Lebovici S., « La théorie de l'attachement et la métapsychologie freudienne », *Devenir*, 1992, 4, 4, 33-48.

90. Leon I., « The psychoanalytical conceptualization of perinatal loss », *Am. J. Psychiat.*, 1992, 149, 1464-1470.

91. Le Roy-Ladurie E., *Paysans du Languedoc*, Paris, SEVPEN, 1966.

92. Lewis E., « Mourning by the family after stillbirth or neonatal death », *Arch. Dis. Child*, 1979, 54, 303-306.

93. Lipowski Z. T., « Review of consultation psychiatry and psychosomatic medicine », *Psychosom. Med.*, 1967, 29, 153-171.

94. Lipowski Z. T., « Consultation-liaison psychiatry, an overview », *Am. J. Psychiatry*, 1977, 131, 623-630.

95. Lipowski Z. T., « The need to integrate liaison-psychiatry and geropsychiatry », *Am. J. Psychiatry*, 1983, 140, 1003-1005.

96. Loraux N., *Les Mères en deuil*, Paris, Seuil, 1990.

97. Lorenz K. Z., *Essai sur l'attachement animal et humain*, Paris, Point-Seuil, 1970.

98. Main M., Hesse E., « Parent's unresolved traumatic experiences are related to infant disorganized attachment status : is frightened or frightening parental behavior the linking mechanism? », *in* M.T. Greenberg, D. Cichetti, E.M. Cummings (eds), *Attachment in the Preschool Years : Theory, Research and Intervention*, Chicago, University of Chicago Press, 1990, 161-182.

99. Mamelle N., Laumon B., Lazar P., « Prematurity and occupational activity during pregnancy », *Am. J. Epidemiol.*, 1984, 119, 309-322.

100. Mamelle N., Munoz F., « Occupational working conditions and preterm birth : a reliable scoring system », *Am. J. Epidemiol.*, 1987, 126, 150-152.

101. Marin L., « Annonciations toscanes », *in Opacité de la peinture*, éditions USHER, 1989.

102. Mauriceau F., *Traité des maladies des femmes grosses et de celles qui sont accouchées*, Paris, 1676.

103. Mead M., *Mœurs et sexualité en Océanie*, Paris, Plon, 1962.

104. Mimoun S., « Psychologie masculine et assistance médicale à la procréation », *in* S. Mimoun (éd), *Traité de gynécologie-obstétrique psychosomatique*, Paris, Médecine-Sciences Flammarion, 1999, 153-156.

105. Mimoun S., Chaussin E., *L'Univers masculin*, Paris, Seuil, 1999.

106. Murray L., Cooper P. J., « The impact of post-partum depression on child development », *Int. Rev. Psychiatry*, 1996, 8, 55-63.

107. Nachin C., *Le Deuil d'amour*, Paris, Émergences, Éditions Universitaires, 1989.

108. Nahoum-Grappe V., « L'échange des regards », *Terrain*, 30, 3, 67-82, 1998.

109. O'Hara M. W., *Interpersonal Psychotherapy for Post-Partum depression*, 12th International Congress of the International Society of Psychosomatic Obstetrics and Gynecology, Washington, DC, June 20-23, 1998.

110. O'Hara M. W., Zekoski E. M., « Post-partum depression : a comprehensive review », *in* R. Kumar & I. F. Brockington (eds), *Motherhood and Mental Illness. Two Causes and Consequences*, Londres, Wright, 1988, 17.

111. Papiernik E., Bydlowski M., « Vincent Van Gogh (Syndrome de) ou " l'esprit et le corps dans la fertilité " », *in* J. Dormont, O. Bletry, J.-F. Delfraissy (éds), *Les 365 Nouvelles Maladies*, Paris, Flammarion, 1989, 544.

112. Perrier F., *La Chaussée d'Antin*, tome II, Paris, 1978, Union Générale d'Edition, 10/18.

113. Pitt B., « Atypical depression following childbirth », *Br. J. Psychiatry*, 1968, 114, 1325-1335; 1973, 122, 431-433.

114. Pundel J.-P., *Histoire de l'opération césarienne*, Bruxelles, Presses Académiques Européennes, 1969.

115. Racamier P. C., *Le Psychanalyste sans divan*, Paris, Gallimard, 1971.

116. Racamier P. C., Sens C., Carretier L., « La mère et l'enfant dans les psychoses du post-partum », *Évolution psychiatrique*, 1961, 4, 522-570.

117. Rädestad I., Steineck G. Nordin C., Sjögren B., « Stillbirth and maternal well-being », *Acta Obst. Gynecol. Scandin.*, 1997, 97, 849-855.

118. Reik T., *Le Rituel, psychanalyse des rites religieux*, Paris, Denoël, 1974.

119. Roheim G., *Psychanalyse et Anthropologie*, Paris, NRF Gallimard, 1967.

120. Sameroff A. J., Emde R. N., *Les Troubles des relations précoces*, Paris, PUF, Le Fil rouge, 1993.

121. Siebold G. J., *Essai d'une histoire de l'obstétricie*, Paris, Steinheill, 1891.

122. Squires C., « La grossesse à l'ombre de l'enfant des limbes », *Thèse de doctorat*, Université Paris 7 Denis-Diderot, 1999.

123. Stern D. N., « Le but et la structure du jeu mère-nourrisson – Une perspective psychanalytique et développementale », *La Psychiatrie de l'enfant*, 1983a, 26, 1, 193-216.

124. Stern D. N., « Micro-analyse de l'interaction mère-nourrisson », *La Psychiatrie de l'enfant*, 1983b, 26, 1, 217-235.

125. Stern D. N., *The Interpersonal World of the Infant. A View from Psychoanalysis and Developmental Psychology*, New York, Basic Books Inc., New York, 1985.

126. Theut S. K., Moss H. A., Zazlow M. J. *et al.*, « Perinatal loss and maternal attitudes toward the subsequent child », *Inf. Mental Health J.*, 1992, 13, 2, 157-166.

127. Trethowan W. H., Conlon M. F., « Couvade syndrome », *Br. J. Psychiatry*, 1965, 3, 470.

128. Wainwright W. H., « Post-partum : fatherhood as a precipitant of mental illness », *Am. J. Psychiatry*, 1966, 123, 1, 40-44.

129. Winnicott D. W., *De la pédiatrie à la psychanalyse*, Paris, PB Payot, 1969.

130. Winnicott D. W., « La crainte de l'effondrement », *Nouvelle Revue de psychanalyse*, 1975a, 11, 35-44.

131. Winnicott D. W., *Jeu et réalité – L'espace potentiel*, Paris, Gallimard, coll. « Connaissance de l'inconscient », 1975b.

132. Winnicott D. W., *Les Processus de maturation chez l'enfant*, Paris, PB Payot, 1980.

133. Witkowski G. J. *Accoucheurs et sages-femmes célèbres*, Paris, Steinheill, 1887.

134. Witkowski G. J., *Histoire des accouchements chez tous les peuples*, Paris, Steinheill, 1887.

135. Yalom I., Lunde D., Moos R., Hamburg D., « Post-partum blues syndrome », *Arch. Gen. Psychiat.*, 1968, 18, 16-27.

136. Zeanah Ch. H., « Adaptation following perinatal loss. A critical Review », *Journal of the American Academy of Child Psychiatry*, 1989, 28, 467-480.

TABLE

CRÉDITS

© Adagp, Paris, 2000 : p. 7(b) ; Bibliothèque nationale, Paris : p. 6(b) ; © Kunsthaus, Zurich : p. 7(b) ; musée alsacien de Strasbourg : p. 3(b) ; musée royal des Beaux-Arts, Anvers : p. 1 ; © National Gallery, Londres : p. 2(b) ; © Scala : p. 1, 2(h), 4(h), 5, 7(h) ; Antonio Paolucci, Michelangelo, *Le Pietà*, Skira editore, Milano 1997/photo Aurelio Amendola : p. 8.

Ouvrage proposé par Willy Pasini

DU MÊME AUTEUR

La Recherche clinique en psychopathologie, en collaboration avec Odile Bourguignon, Paris, PUF, Le Fil rouge, 1995.

La Dette de vie. Itinéraire psychanalytique de la maternité. Paris, PUF, Le Fil rouge, 1997.

Cet ouvrage a été réalisé par la
SOCIÉTÉ NOUVELLE FIRMIN-DIDOT
Mesnil-sur-l'Estrée
pour le compte des Éditions Odile Jacob
en janvier 2000

Imprimé en France
Dépôt légal : février 2000
N° d'édition : 7381-0770-X – N° d'impression : 49374